# Parlons banque

## en 30 questions

**Jézabel Couppey-Soubeyran**

maître de conférences à l'université Paris 1 Panthéon-Sorbonne,
membre associé de l'École d'économie de Paris,
conseillère scientifique au Conseil d'analyse économique,
auteur de plusieurs ouvrages d'économie grand public

**Christophe Nijdam**

analyste financier chez AlphaValue,
enseignant à Sciences-Po,
banquier pendant treize ans,
ancien directeur général d'une banque française aux États-Unis



La **documentation** Française

DOC' EN POCHE
ENTREZ DANS L'ACTU

Responsable de la collection
et direction du titre
**Isabelle Flahault**

Secrétariat de rédaction
**Martine Paradis**

Conception graphique
**Sandra Lumbroso**
**Bernard Vaneville**

Mise en page
**Jean-Jacques Tomasso**

Édition
**Dagmar Rolf**

Promotion
**Stéphane Wolff**


ISBN : 978-2-11-009817-7

# Sommaire



*L'auteur présente le sujet, son actualité, et l'illustre de faits, de lois, de chiffres, de comparaisons internationales*



*1 question = 1 double-page de réponse*

*Une interaction avec les internautes : la mise en ligne, lors de la parution de l'ouvrage, des réponses à une sélection de questions*



*Pour aller + loin : les principaux livres et sites internet*

# Panorama

# Panorama

*Les banques ont été au cœur de la crise financière déclenchée en 2007-2008. Depuis, des réformes ont été entreprises, et sont à poursuivre, pour réorganiser l'encadrement du secteur et fixer des règles plus strictes. Mais d'importants facteurs de risques demeurent. La taille des banques est restée trop importante et les transferts de risques sont encore intenses entre les banques et d'autres intermédiaires financiers. Parviendra-t-on à remettre au pas ce secteur bancaire dont l'économie a tant besoin pour financer l'investissement et la croissance ?*

Fin mai 2014, Christine Lagarde, directrice générale du Fonds monétaire international (FMI), s'emportait contre les mégabanques : « *Une étude récente du FMI montre que ces banques sont toujours une source de risque systémique. […] L'industrie [bancaire] attache toujours plus d'importance au profit à court terme plutôt qu'à la prudence de long terme, aux bonus actuels plutôt qu'à leurs relations de demain* » avec leurs clients. « *Quelques grandes firmes [bancaires] éminentes ont été prises dans des scandales violant les bases de l'éthique* (NDLR : manipulation des taux d'intérêt, de change, du cours de l'or, etc.). *[...] La taille et la complexité des mégabanques impliquent, dans certains cas, la possibilité de rançonner les responsables en charge de la politique économique. [...] Le secteur financier doit servir et non réguler l'économie.* » (citée dans Richard Hiault, « Lagarde s'emporte contre les banques », *Les Échos*, 28 mai 2014).

Les gouvernants nationaux ne partagent pas tous cette opinion. Loin de là. Bien qu'il soit au cœur de la crise qui plombe actuellement l'économie réelle, qu'il ait partout contribué à une forte dégradation des finances publiques, le secteur bancaire demeure sous leur protection farouche. Dans tous les pays, ceux-ci y voient encore l'organe de vascularisation indispensable de l'économie, sans déceler l'insidieux effet du « mauvais cholestérol » que favorise le surpoids de cette activité.

## Un secteur bancaire hypertrophié et soutenu par les pouvoirs publics

Le secteur bancaire a en effet grossi, au point que le total des actifs qu'il gère représente près de 4 fois la création de richesse annuelle d'un pays comme la France, 6 fois celle du Royaume-Uni, 3 fois celle de l'Allemagne – sans même parler des paradis fiscaux européens : le secteur bancaire pèse 24 fois le produit intérieur brut (PIB) du Luxembourg, 8 fois celui de l'Irlande et de Malte, près de 7 fois celui de Chypre. Dans les années 1990, de nombreuses études empiriques montraient l'existence d'un lien positif fort entre finance et croissance. Depuis la crise, elles parviennent à un résultat bien plus mitigé : la finance profite à la croissance jusqu'à un certain seuil seulement, au-delà la relation devient négative. Ce seuil est souvent évalué en rapportant le crédit au PIB, qui lui-même mesure le flux de richesses créé en un an dans un pays. Il serait de l'ordre de 110 % dans les pays avancés. Le fait est que ce seuil est dépassé à peu près partout dans ces États.

Comment en est-on arrivé à un secteur littéralement hypertrophié, tournant en boucle sur lui-même, qui privatise ses profits et socialise ses pertes et dont on peine à resserrer l'encadrement ?

**Poids du secteur bancaire dans les pays de l'Union européenne en % du PIB**

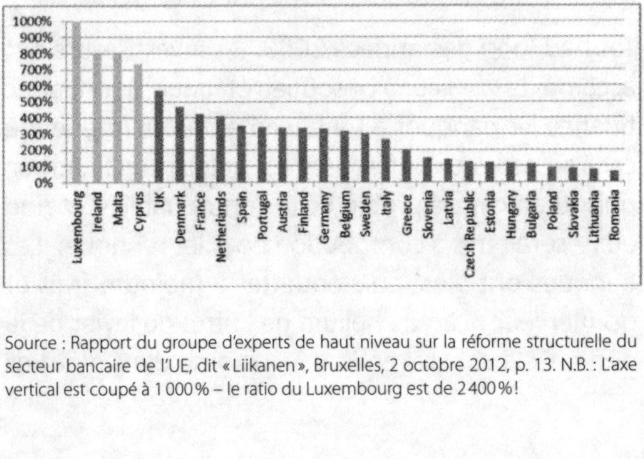


Source : Rapport du groupe d'experts de haut niveau sur la réforme structurelle du secteur bancaire de l'UE, dit « Liikanen », Bruxelles, 2 octobre 2012, p. 13. N.B. : L'axe vertical est coupé à 1 000 % – le ratio du Luxembourg est de 2 400 % !

En Europe, le syndrome des « champions nationaux » a une lourde part de responsabilité. Chaque État a souhaité les faire émerger, les a assurés qu'en cas de difficulté ils seraient sauvés, et voit encore aujourd'hui en chacun d'eux un fleuron national à défendre. Prenons le cas de la France, qui est vice-championne du monde avec ses quatre « banques systémiques » (BNP Paribas, Crédit Agricole, Société Générale, BPCE), la faillite d'une seule d'entre elles en entraînerait d'autres en chaîne au niveau mondial. De telles « grosses » banques font nécessairement de « grosses » bêtises : les banques universelles françaises détiennent ainsi trois records mondiaux. Record de fraude en activités de marché (Jérôme Kerviel, 4,9 milliards d'euros sur les produits dérivés à la Société Générale en 2008), record de faillites d'une même banque (Dexia, deux fois en moins de trois ans en 2008 et 2011), record d'amende pénale pour contournement d'embargo (8,9 milliards de dollars, BNP Paribas en 2014).

Tout au long des années 2000, les investisseurs ont accordé de la valeur à ce soutien étatique. Ils ont donc financé les banques à un taux d'emprunt inférieur à celui accordé aux entreprises du secteur non financier, puisqu'en cas de problème le contribuable – et non eux – serait mis à contribution pour les renflouer. Les banques ont ainsi pu s'endetter à moindre frais et gonfler leur bilan à l'hélium de l'effet de levier de la dette. Cela est vrai en France comme dans d'autres pays d'Europe. Cela vaut aussi pour les États-Unis, depuis le début des années 2000. Ensuite, s'amorce un cercle vicieux : plus les établissements bancaires deviennent importants, plus ils s'assurent la protection des pouvoirs publics et *vice versa*. Voilà pourquoi les banques sont devenues démesurément grandes. Et aussi excessivement fragiles car le poids de la dette – contractée à des échéances de plus en plus courtes, de quoi se retrouver subitement à cours de liquidité – les rend incapables, en l'absence de fonds propres suffisants, d'éponger par elles-mêmes des pertes éventuelles, et donc de moins en moins responsables des risques pris. De quoi donc en prendre toujours plus sans en payer le prix.

**L'effet de levier**

« *Donnez-moi un levier et je soulèverai le monde* » (Archimède). Un investissement nécessite toujours un apport en capitaux propres, mais l'endettement permet de le réduire tout en augmentant la capacité d'investissement. Un petit apport en capitaux propres permet alors de réaliser un gros investissement. C'est en cela que la dette augmente l'effet de levier.

## L'Union bancaire, des espoirs et des obstacles

Aujourd'hui en Europe, pratiquement plus aucun État n'a les moyens de sauver seul ses banques en cas de problème et les superviseurs nationaux chargés de les contrôler sont comme des nains face aux géants que sont devenus les établissements transfrontières. L'Union bancaire arrive à point nommé ! D'une part, elle permettra de transférer la supervision des grands groupes bancaires à la bonne échelle, celle de l'Europe ou du moins celle de la zone euro, en confiant cette tâche à la Banque centrale européenne (BCE). D'autre part, elle réintroduira l'idée même selon laquelle la faillite d'une banque, du moins son démantèlement, est possible en cas de difficulté : c'est ce que permettront les plans de résolution des établissements. Ces derniers s'inscrivent plus largement dans un « mécanisme de résolution ». Celui-ci s'appliquera de la même façon dans tous les pays de l'Union et mobilisera un fonds de résolution financé par les banques, malheureusement à proportion de leurs dépôts et non des dettes qu'elles contractent sur les marchés. De plus, avant un éventuel renflouement par le fonds, les établissements devront mettre à contribution d'abord leurs actionnaires puis leurs créanciers, c'est-à-dire les détenteurs de titres de dette, exceptés les déposants – sauf cas exceptionnels laissés à la discrétion des superviseurs nationaux – dont les dépôts sont garantis jusqu'à 100 000 euros en Europe. Il s'agira ni plus ni moins de rétablir le bon ordre des choses : faire en sorte que ceux qui gagnent quand tout va bien soient aussi ceux qui perdent quand ça va mal, en bref que les investisseurs des banques assument les risques pris.

Tout n'est pas pour autant encore bien ficelé. Et si des avancées sont indéniables, les reculades ne sont malheureusement pas improbables. En 2013-2014, les banques ont obtenu des assouplissements significatifs par rapport aux recommandations initiales des accords de Bâle 3 signés en 2010 (accroissement en quantité et en qualité des fonds propres, exigences nouvelles de liquidité…). La violence de la crise financière a eu beau sonner fort l'heure des réformes, chaque État membre continue d'aborder les changements nécessaires à conduire davantage sous l'angle des intérêts de leurs champions bancaires que sous celui de ceux de la collectivité, à savoir restaurer la stabilité du système financier. Les lobbies bancaires freinent de tout leur poids le déroulé des réformes et l'on assiste à un phénomène de capture des élites politiques et administratives des grands pays en Europe comme aux États-Unis. Leur circulation entre la haute fonction publique et le secteur bancaire en témoigne aisément. La France y échappe d'autant moins que leur formation est largement concentrée à l'École nationale d'administration (ENA).

**Nombre d'énarques dans les 4 grandes banques universelles françaises en 2012 (et à la Fédération bancaire française)**

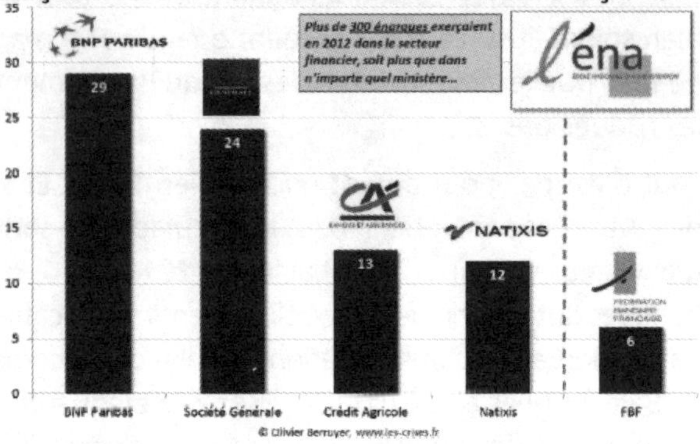


Source : Annuaire de l'ENA 2012.

## Comprendre les enjeux d'une régulation plus forte

Cette situation ne pourra évoluer que si les citoyens comprennent les dysfonctionnements du secteur bancaire et la nécessité d'y remédier par une régulation forte, y compris au moyen d'une pénalisation du non-respect de cette régulation. La solution ne réside ni dans le refus d'aborder ces sujets – que les banques et leurs lobbies s'évertuent à rendre techniques et complexes pour mieux en éloigner le néophyte –, ni dans le rejet – car l'économie réelle a bel et bien besoin des banques –, mais dans la prise de conscience que le secteur bancaire dans son état actuel ne sert plus l'économie réelle comme il le devrait. Des réformes ont certes été entreprises mais elles restent à consolider et à poursuivre. Surtout elles ne produiront leurs effets stabilisants qu'à la condition de ne pas être rabotées tous les quatre matins !

La crise bancaire et financière a coûté très cher à l'Europe : entre octobre 2008 et octobre 2012, la Commission européenne a approuvé environ 5 050 milliards d'euros d'aides d'État (aides directes et garanties de toutes sortes) en faveur des banques, ce qui représente environ 40 % du PIB de l'Union européenne. La réglementation des banques a été « un peu » renforcée, les marchés « un peu » réorganisés, la supervision « un peu » ré-agencée : « un peu » signifiant que nous ne sommes pas à l'abri d'une prochaine crise.

Que faudrait-il pour que les choses aillent mieux ? Que chaque citoyen comprenne que les mesures prises ou restant à prendre doivent aller dans le sens suivant :
- réduire le poids des dettes au bilan des banques – tout particulièrement celui des dettes de marché à trop court terme, première cause de propagation du risque systémique – et au hors-bilan – surtout celui des produits dérivés, deuxième courroie de transmission du risque systémique ;
- augmenter la part des fonds propres pour que les banques puissent faire face à leurs pertes éventuelles ;

– renforcer les règles prudentielles tout en les simplifiant, car plus elles sont complexes plus leur contournement est aisé ;
– réduire la taille des groupes bancaires pour éviter que leurs éventuelles difficultés coûtent cher à la collectivité ;
– réduire la concentration du secteur bancaire qui dessert le consommateur et compromet la stabilité financière ;
– renforcer la surveillance pas seulement au niveau de chaque établissement, mais également à celui de l'ensemble du secteur et du système financier ;
– réorganiser les banques autour du contrôle des risques qui doit redevenir leur raison d'être ;
– renforcer la fiscalité du secteur bancaire car les banques doivent contribuer à proportion des profits qu'elles réalisent et des coûts que leurs difficultés font supporter à la collectivité ;
– mettre en place des sanctions pénales des dirigeants bancaires, au-delà des amendes insuffisamment dissuasives, voire une responsabilité sur leurs biens propres, afin de rééquilibrer l'asymétrie actuelle vis-à-vis de la société civile.

# Questions-réponses

›››››

# À quoi sert une banque ?

**Trois fonctions clés**
La banque remplit trois fonctions essentielles. Elle collecte, gère vos dépôts, et vous fournit des moyens de paiement (chéquier, carte bancaire, ordre de virement...). Elle gère aussi votre épargne et réduit les risques qui s'y rapportent en les mutualisant. Enfin, elle finance vos projets d'investissement ainsi que ceux des entreprises.

**Nécessaires au bon fonctionnement de l'économie**
Si les moyens de paiement venaient à manquer ou si les dépôts ne pouvaient plus circuler, les échanges seraient rapidement empêchés. Et si les épargnants n'avaient pas d'intermédiaires à qui confier leur épargne, leur épargne financière s'en trouverait sans doute réduite et moins bien orientée vers le financement des entreprises. Sans les banques, il serait aussi beaucoup plus difficile pour les ménages et de nombreuses entreprises de financer leurs projets autrement qu'en s'auto-finançant.

**70% du financement externe des entreprises en Europe**
C'est ce que représentent les crédits que les banques octroient et les titres qu'elles achètent (actions, obligations...). Les crédits bancaires sont vitaux pour les petites et moyennes entreprises (PME), en raison d'un accès aux marchés financiers limité ou inadapté. Même pour les grandes entreprises qui se financent sur les marchés de titres, ce sont souvent les banques qui, en bout de chaîne, détiennent une partie des titres émis.

**Qu'est-ce que la « transformation » ?**

››› La banque met les ressources des déposants au service du financement des entreprises. Elle « transforme » les dépôts de ses clients en crédits ou titres qui servent à financer les investissements des entreprises. Au bilan de la banque, la durée du passif (où sont enregistrés les dépôts) est donc plus courte que celle de son actif (où sont consignés les crédits et achats de titres). La banque fait « du long avec du court » : c'est ce qu'on appelle la transformation d'échéances.

**La banque est-elle une entreprise comme les autres ?**

››› La banque est une entreprise de services. Comme toute autre, elle cherche à les produire au meilleur coût et à maximiser son profit. Mais les services bancaires revêtent une importance particulière pour l'économie. Ils constituent pour ainsi dire un bien public à préserver. D'autant que les difficultés d'une banque sont contagieuses. Elles s'étendent vite à d'autres banques, au secteur tout entier, et à l'économie tout entière. Ce sont ces fortes retombées sur l'économie réelle (les économistes emploient le terme d'externalités) – positives quand tout va bien, négatives quand ça va mal –, qui confèrent un caractère spécial au secteur bancaire. Mais il ne faut pas pousser trop loin cette idée qui sinon peut devenir un paravent bien commode pour éviter d'expliquer la façon dont il (dys)fonctionne !

›››››

# Quels sont les métiers des grands groupes bancaires ?

**La banque de détail**

Les services de banque de détail (ou banque commerciale) s'adressent aux particuliers et aux PME. Ils consistent à gérer des dépôts, fournir des moyens de paiement – chéquier, carte bancaire, virement… – et octroyer des crédits.

**La banque d'investissement**

Les services de banque de financement et d'investissement (BFI) sont destinés aux très grandes entreprises. Ils leur permettent de réaliser des transactions sur les marchés financiers.

**D'autres métiers**

Les banques ont élargi leurs services à la gestion d'actifs, c'est-à-dire de portefeuilles de titres et d'OPCVM (ex. : les Sicav), pour le compte de clients épargnants ou d'entreprises. La plupart des groupes français offrent aussi des services d'assurance (« bancassurance »).

**Au sein des banques universelles**

Depuis la fin des années 1990, les banques universelles regroupent tous ces métiers. Mais leurs mérites sont débattus. Certains y voient une structure productive plus efficace, réalisant des économies d'échelle (un coût moyen plus faible grâce à une échelle d'activité plus grande) et d'envergure (quand produire plusieurs services ensemble revient moins cher que séparément). Pour d'autres, elle additionne les risques des banques de détail et d'investissement, expose les dépôts aux risques de turbulence des marchés financiers, et crée des conflits d'intérêt entre les deux métiers.

**Les chiffres clés du secteur bancaire français à fin 2013**

››› *6* principaux groupes bancaires : BNP Paribas, Société Générale, Groupe Crédit Agricole, BPCE, Crédit Mutuel-CIC, La Banque Postale.
*617* établissements de crédit agréés en France (dont 302 banques).
*38 000* agences bancaires (une agence pour 1 721 habitants).
*367 000* salariés, dont près de 70 % dans la banque de détail.
*99 %* des Français ont un compte bancaire (taux de bancarisation).
*71 millions* de comptes bancaires.
*59 000* distributeurs automatiques de billets.
(Source : Banque de France et Fédération bancaire française)

**La banque universelle tantôt vantée, tantôt décriée...**

››› « L'examen des effets de la crise de 2008 ne montre pas de faiblesse particulière de la banque universelle par rapport aux autres modèles. En France, pas de faillite retentissante, pas de sollicitation du contribuable, pas de coût pour le budget de l'État. » (Frédéric Oudéa, PDG de la Société Générale et président de la Fédération bancaire française, 20 juin 2012, *Les Échos*)
« La "banque universelle", c'est comme mettre une centrale nucléaire dans Paris en arguant que cela économise des câbles et des pertes en ligne. C'est vrai, mais il faut juste prier que le mégarisque ne se réalise pas... » (Olivier Berruyer, www.les-crises.fr/modele-de-banque-universelle/)

›››››› 

# D'où vient l'argent des banques ?

**Des déposants**

Traditionnellement, une banque se finance auprès de ses déposants. C'est la seule entreprise dont les clients sont aussi ses créanciers. Pourtant, ceux-ci n'entendent pas faire un investissement risqué. Leur argent est confié à la banque par souci de sécurité, même par nécessité. En effet, pour avoir un logement, un travail, de l'électricité, un téléphone etc., il faut posséder un compte bancaire. Les déposants ne sont donc pas des clients ordinaires. Mais leur part n'a cessé de diminuer au bilan des banques universelles françaises : plus de 70 % de dépôts dans les années 1980 contre un peu plus de 25 % en moyenne en raison de l'expansion débridée des activités de marché et à l'étranger.

**Des marchés**

Les banques se financent aussi auprès d'autres banques, sur le marché interbancaire, et auprès d'investisseurs, sur les marchés monétaires et financiers. En moyenne, en France, dans les banques commerciales, les emprunts interbancaires et les émissions de titres représentent plus de 50 % des ressources contre moins de 20 % dans les années 1980. Au sein des émissions de titres, les banques ont privilégié la dette de court terme, réduisant la stabilité de leurs ressources. Une autre évolution peut inquiéter : la part croissante prise par les ressources issues d'opérations sur les marchés dérivés pour les grandes banques universelles.

**Les fonds propres : une importance cruciale**

››› Les fonds propres sont la seule ressource non remboursable figurant au bilan des banques. Constitués à partir des actions émises et des bénéfices mis en réserve, ils permettent d'éponger les pertes en cas de difficulté. Moins de fonds propres implique une moindre capacité à faire face à de mauvais résultats. Quand une banque ne détient pas plus de 4 % du total de son bilan en fonds propres, cela signifie que 96 % de son actif est financé par de la dette. Qui d'autre qu'une banque peut financer ses investissements en s'endettant autant ? Personne ! Cela signifie aussi qu'une perte supérieure à 4 % suffit à épuiser les fonds propres. Au-delà, la banque devra obtenir une recapitalisation (augmentation de son capital) de ses actionnaires, ou faire appel aux pouvoirs publics pour la sauver, c'est-à-dire… aux contribuables.

**Les produits dérivés, une source d'inquiétude**

››› Ils servent à transférer des risques. Ces contrats à terme (exécutables à une date future), fermes ou optionnels (conférant à l'acheteur le droit de ne pas exercer le contrat), permettent d'acheter ou de vendre un montant de titres, de devises, d'indice, etc. Lorsque la valeur de l'opération est négative, on l'inscrit au passif. Quand elle est positive, on l'inscrit à l'actif. Si les dérivés « passifs » excèdent les dérivés « actifs », il y a des pertes latentes sur ces instruments. Lorsque les activités de dérivés sont hypertrophiées, la contribution de la banque au risque systémique augmente (*cf.* p. 68).

›››››

# Que trouve-t-on au bilan d'une banque ?

**« La tête en bas »**

Contrairement à celui d'une entreprise ordinaire, le bilan d'une banque classe les éléments les plus liquides (ex. : dépôts auprès des banques centrales) en haut et ceux immobilisés (ex. : l'immeuble du siège de la banque) en bas. Pour certains, les banques « marchent sur la tête »...

**Des dépôts, des crédits... et des titres**

Le passif enregistre d'où viennent les ressources de la banque : emprunts auprès d'autres banques (prêts interbancaires), dépôts de sa clientèle, autres dettes contractées sur le marché, fonds propres. L'actif consigne ce que la banque fait de ses ressources : réserves sur son compte à la banque centrale, achats de titres et opérations sur produits dérivés, prêts, immobilisations.

**De plus en plus de titres à l'actif comme au passif**

Au passif, la part des ressources de marché s'est accrue au cours des dernières décennies, tandis que celle des dépôts s'est réduite. À l'actif, les activités de marché ont gagné du terrain sur celles, plus traditionnelles, de prêts. Ainsi, dans les banques universelles cotées en bourse, les prêts à la clientèle de proximité ne représentent plus qu'un gros tiers de l'activité, déployée à l'étranger sur les marchés de titres et de produits dérivés. Les banques mutualistes ont, en revanche, maintenu leurs activités de détail (crédits, dépôts), ce qui aujourd'hui rassure leur clientèle.

Bilans comparés d'une banque mutualiste et d'une banque universelle

| | Banque de proximité mutualiste (€ millions) | % | Grande banque universelle (€ millions) | % |
|---|---|---|---|---|
| ACTIFS 2012 | | | | |
| Prêts interbancaires | 3 397 | 14 % | 143 596 | 8 % |
| Crédits clientèle | 17 489 | 71 % | 630 520 | 33 % |
| Portefeuille de titres | 2 889 | 12 % | 986 692 | 52 % |
| Valeurs immobilisées | 329 | 1 % | 38 462 | 2 % |
| Divers | 514 | 2 % | 108 020 | 6 % |
| TOTAL | 24 618 | 100 % | 1 907 290 | 100 % |
| PASSIFS 2012 | | | | |
| Emprunts interbancaires | 12 777 | 52 % | 113 267 | 6 % |
| Dépôts clientèle | 7 147 | 29 % | 539 513 | 28 % |
| Titres | 620 | 3 % | 919 390 | 48 % |
| Fonds propres | 3 610 | 15 % | 86 429 | 5 % |
| Divers | 464 | 2 % | 248 691 | 13 % |
| TOTAL | 24 618 | 100 % | 1 907 290 | 100 % |

Sources : AlphaValue, 2012 ; Rapports annuels Caisse régionale du Crédit Agricole Centre-Est, BNP Paribas.

**Qu'est-ce que le « hors-bilan » d'une banque ?**

››› Il enregistre des engagements à recevoir ou à verser, qui ne donnent pas lieu à des flux de trésorerie immédiats, et qui se traduiront, le cas échéant, par des opérations financières : engagements de financement envers la clientèle (confirmations de crédit…), de garantie (cautions…), des opérations sur devises… Les engagements sur instruments financiers à terme (produits dérivés) sont le poste le plus important : le hors-bilan enregistre le montant notionnel, c'est-à-dire la somme théorique de l'opération.

# Qu'est-ce que le produit net bancaire ?

**Le principal indicateur de revenu des banques**

Le produit net bancaire (PNB) mesure les revenus associés aux activités bancaires, nets des charges de refinancement : c'est le chiffre d'affaires des banques. Elles perçoivent deux principaux types de revenus : des intérêts et des commissions. Pour ses activités de détail, la banque touche les intérêts liés aux crédits accordés et des commissions très rémunératrices notamment sur les services de gestion de compte ou la mise à disposition des moyens de paiement. Elle paie elle-même des intérêts quand elle se procure les ressources nécessaires à son refinancement et rémunère l'épargne de ses clients. Dans ses activités d'investissement et de financement, la banque perçoit aussi des commissions (conseils aux entreprises pour s'introduire en bourse…) et des intérêts (achats de titres…).

**50 % de marge d'intérêt, 50 % de commissions dans la banque de détail**

Les revenus des grandes banques françaises proviennent à environ 50 % de la marge d'intérêt (contre 60 à 65 % pour près de la moitié des grandes banques européennes) et à plus de 30 % des commissions (contre 20 à 25 % pour la moitié des grandes banques européennes). Les activités de détail représentent environ 70 % du PNB total des banques françaises. Parmi elles, les commissions clients comptent pour 40 % à 50 % du PNB.

**Produit net bancaire des six principaux groupes français (en milliards d'euros)**

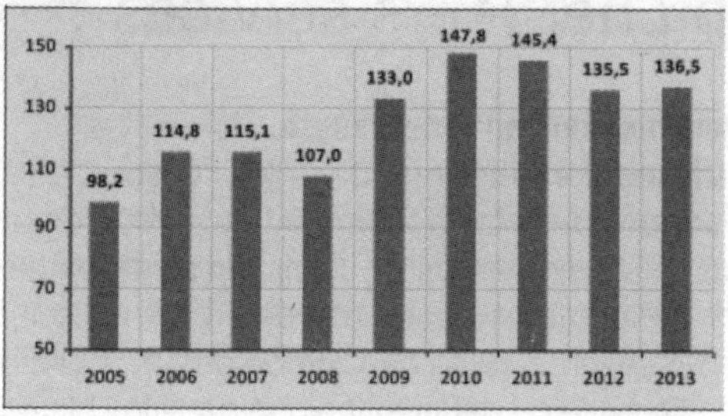


BNP Paribas, Groupe Crédit Agricole, Société Générale, BPCE, Crédit Mutuel – CIC, La Banque Postale.
Source : Xerfi, *Étude sectorielle : le marché bancaire en France*, mars 2014.

**Marges d'intérêt et commissions dans les activités de banque de détail des banques françaises**

››› En 2013, les revenus de la banque de détail se sont redressés après deux années difficiles. Les marges d'intérêt et les commissions, qui composent le produit net bancaire (PNB), ont respectivement progressé de 3,4 % et de 0,5 % (source : Xerfi, *Étude sectorielle : le marché bancaire en France*, mars 2014).

**Le saviez-vous ?**

››› En 2012, les grandes banques françaises ont réalisé entre 34 et 68 % de leur chiffre d'affaires à l'étranger : 68 % pour BNP Paribas, 57 % pour la Société Générale, 34 % pour le Crédit Agricole et 47 % pour Natixis (source : AlphaValue, rapports annuels de banque, 2012).

›››››››

# Les banques font-elles payer trop cher leurs services ?

**Des commissions en forte hausse...**

La part des commissions dans les revenus d'activité des banques de détail a fortement augmenté depuis les années 1990, en particulier celles qui se rapportent à la gestion de comptes et aux moyens de paiement (40 à 50 % des revenus de la banque de détail). Alors que la part de l'activité de détail a diminué dans les bilans bancaires jusqu'à la crise de 2007, les revenus qui en sont issus ont continué de croître du fait de l'augmentation des frais bancaires. Cette hausse ne s'est sensiblement ralentie qu'après la crise.

**... dont pâtissent les clients les plus fragiles**

Depuis le début des années 2000, les commissions facturées aux clients ont progressé 1,7 fois plus vite que les revenus de ces derniers (UFC Que Choisir) ! Les clients les plus fragiles – ceux dépassant leur découvert autorisé ou signant un chèque sans provision – ont été les plus touchés, car les banques ont concentré leurs augmentations de tarifs sur les frais d'incidents. La loi bancaire du 26 juillet 2013 a prévu de les plafonner. Cette protection est cruciale car c'est à ces mêmes clients que les banques vendent du crédit à la consommation qui les fragilise un peu plus, les expose au risque de surendettement et... à des frais d'incidents. Une boucle lucrative pour les banques, une spirale infernale pour ceux qui s'y trouvent aspirés.

**Opacité quand tu nous tiens !**

››› Il n'est pas facile d'y voir clair dans la facturation des services bancaires car les banques disposent de beaucoup de liberté dans la présentation de leurs comptes. Leurs bilan et compte de résultat doivent certes respecter une structure relativement fixe, mais les annexes financières qui en détaillent les rubriques varient énormément d'un établissement à l'autre. Cette hétérogénéité rend les comparaisons difficiles. L'opacité, le manque de lisibilité et la complexité sont des défauts bien maîtrisés par les banques. Elles en font des « armes » pour « capturer » la clientèle et lui « bander les yeux » comme pour faire obstruction aux études qui deviendraient gênantes.

**La surfacturation des *packages***

››› Tout en un, les *packages* rassemblent plusieurs services censés être indispensables. Dans onze des douze cas de banques étudiées par l'UFC Que Choisir, le *package* correspond à une surfacturation pour le consommateur. Il contient en fait beaucoup de services inutiles, par exemple trois chèques de banque quand on en utilise un en moyenne tous les quinze ans pour acheter une voiture ou un logement. Ainsi bien que le prix des *packages*, très surveillé par les médias, soit resté stable, le surcoût pour le consommateur est estimé à plus de 25 % (source : UFC Que Choisir, « Frais bancaires : 7 propositions à Bercy pour en finir avec les excès tarifaires », juin 2010).

# Est-il facile de changer de banque ?

**Une mobilité difficile à mettre en œuvre**

Depuis le 1er novembre 2009, les banques françaises doivent proposer à leurs nouveaux clients un service d'aide à la mobilité bancaire. Un compte courant doit pouvoir être fermé sous dix jours et les opérations de virement et de prélèvement transférées sur le nouveau compte. En pratique, les banques ne jouent guère le jeu en dehors du compte courant. Les comptes d'épargne, les comptes titre, etc. restent difficilement transférables. Et les crédits ne le sont évidemment pas. En fonction de la convention de compte, changer de banque peut impliquer d'importants coûts de transfert. De plus, des brochures tarifaires peu lisibles, des différences de présentation, des « *packages* » aux compositions et prix variables empêchent les comparaisons.

**Une portabilité souhaitable du compte bancaire**

Il serait judicieux de pouvoir conserver son numéro de compte quand on change de banque comme c'est le cas pour les numéros de téléphones mobiles lorsqu'on change d'opérateur. Les consommateurs y seraient très favorables. Des solutions de « portabilité bancaire » existent déjà en Suède ou aux Pays-Bas. Plus complexe que dans la téléphonie mobile, cette portabilité serait favorable aux consommateurs qui pourraient en attendre des baisses de tarifs ou une meilleure qualité de services.

**Des brochures tarifaires volumineuses et obscures**

››› Après avoir étudié en 2010 les brochures tarifaires de douze banques françaises, l'UFC Que Choisir concluait qu'en moyenne une brochure comportait :

– 24 pages, et jusqu'à 63 chez LCL ;

– 303 tarifs, et jusqu'à 396 pour la Caisse d'Épargne Île-de-France Paris.

« Au final, le consommateur qui souhaiterait faire un comparatif entre ces douze banques auraient à manier 290 pages et 3638 lignes tarifaires : l'exhaustivité des tarifs est ici totalement décourageante » (source : UFC Que Choisir, « Frais bancaires : 7 propositions à Bercy pour en finir avec les excès tarifaires », juin 2010).

**La portabilité du numéro de compte bancaire plébiscitée**

››› Résultats de l'étude YouGov conduite par British Telecom en 2013 : « Avec plus de 6500 personnes interrogées dans six pays (France, Allemagne, Espagne, Royaume-Uni, Hong Kong, États-Unis), cette étude conclut que la majorité des consommateurs en Espagne (76 %), à Hong Kong (70 %), en France (64 %), en Allemagne (61 %) et au Royaume-Uni (62 %) trouveraient utile un numéro de compte portable, qui leur permettrait de changer de banque sans modifier leurs coordonnées bancaires. »

**Le saviez-vous ?**

››› Un rapport sur la faisabilité technique et opérationnelle de la portabilité bancaire devrait être remis au gouvernement français avant le 31 décembre 2014. Pas sûr toutefois que les grands groupes bancaires la voient d'un bon œil…

## Comment les banques créent-elles la monnaie ?

**Une monnaie essentiellement scripturale**

Les billets, et *a fortiori* les pièces, ne représentent qu'une petite fraction de la monnaie en circulation : moins de 17 % de la masse monétaire au sens strict dans la zone euro. Les 83 % restants sont de la monnaie scripturale. Il s'agit de dépôts effectués auprès des banques, c'est-à-dire d'une « écriture », autrefois figurant dans un livre de compte, aujourd'hui dans un fichier informatique. La banque centrale aux manettes de la fameuse « planche à billets » et l'État, à l'emblème duquel les pièces sont frappées, ne sont donc pas les principaux émetteurs de monnaie.

**« Les crédits font les dépôts »**

Les chèques, cartes bancaires, virements, prélèvements ou autres moyens de paiement font circuler cette monnaie scripturale d'un compte à un autre, d'une banque à une autre. Mais, au début de cette chaîne, existe toujours un crédit, c'est-à-dire la « monétisation » d'un actif par une banque. Celle-ci a ce pouvoir d'inscrire une créance à son actif et d'émettre en contrepartie une dette sur elle-même. La banque vous accorde un crédit – qu'elle enregistre à son actif – et crédite votre compte de dépôts du même montant – et l'intègre à son passif.

**Un pouvoir régalien (d)étonnant**

C'est un peu comme si vous régliez vos achats en inscrivant ce que vous devez sur un papier remis au vendeur, qui l'accepterait et l'utiliserait ensuite pour ses propres achats.

›››››

**Du côté obscur de la création monétaire**

››› « Le système bancaire moderne fabrique de l'argent à partir de rien. Ce processus est sans doute le tour de passe-passe le plus étonnant jamais inventé… Les activités bancaires ont été conçues dans l'iniquité. Les banquiers possèdent la Terre. Prenez-leur, mais si vous leur laissez le pouvoir de créer de l'argent d'un petit trait de plume, ils vous la rachèteront… » (Sir Josiah Stamp, directeur de la Banque d'Angleterre de 1928 à 1941).

« Si les gens de cette nation comprenaient notre système bancaire et monétaire, je crois qu'il y aurait une révolution avant demain matin » (Henry Ford, 1863-1947, fondateur de Ford).

**Tout de même pas à partir de rien !**

››› La circulation de l'argent limite la création de monnaie par les banques. Quand on obtient un crédit auprès de sa banque, c'est pour acquérir un appartement, une voiture… L'achat occasionne un règlement entre banques, qui s'effectue en monnaie centrale à partir du compte que la banque détient à la banque centrale. Première fuite donc ! Deuxième fuite : les « réserves obligatoires » des banques – 1 % des dépôts dans la zone euro, moins qu'aux États-Unis, et beaucoup moins qu'en Chine où ce taux est actuellement de 16,5 % – sur leur compte à la banque centrale. Plus ce taux est haut, plus la capacité des banques à créer de la monnaie est faible. Autre fuite, mais en forte diminution, les retraits de billets effectués par les clients des banques, à régler aussi en monnaie centrale.

# Les banques ont-elles une banque ?

**La banque centrale, la banque des banques**

Les banques disposent d'un compte à la banque centrale, à partir duquel elles effectuent leurs règlements entre banques. Elles sont obligées d'y laisser un montant de réserves proportionnel aux dépôts qu'elles gèrent (1 % dans la zone euro). Pendant la crise, les banques préféraient maintenir leurs liquidités excédentaires sur leur compte à la banque centrale, plutôt que de les prêter à d'autres banques sur le marché interbancaire, par crainte de ne pas être remboursées. Ce marché en a été totalement paralysé. La banque centrale a dû s'y substituer pour procurer aux banques les liquidités dont elles avaient besoin.

**Refinanceur par tous les temps**

Pendant la crise, l'approvisionnement en liquidités (refinancement) a donc été fortement assoupli. Dans la zone euro, la Banque centrale européenne (BCE) a fourni les liquidités demandées sans limite de montant et pour une durée inédite de trois ans (LTRO). En temps normal, les durées sont beaucoup plus courtes et le taux est variable. Le taux auquel s'effectue ce refinancement définit le taux directeur de la banque centrale. En zone euro, c'est le taux « refi » (taux principal de refinancement). Il est encadré par un taux plancher, auquel la BCE prend des liquidités en dépôts (taux de facilité de dépôt), et un taux plafond auquel elle prête (taux de facilité de prêts).

**LTRO ne veut pas dire « Laisse Ton Robinet Ouvert »**

››› Mais « *Long Term Refinancing Operations* ». Cet acronyme désigne l'une des principales mesures non conventionnelles prise par la BCE pendant la crise.

**La BCE est-elle allée assez loin ?**

››› En 2011-2012, la BCE a prêté aux banques européennes environ 1 000 milliards d'euros à un taux très bas (1 % puis 0,75 %), pour une durée de trois ans, et acheté quelque 300 milliards de titres. La Fed (banque centrale américaine) et la Banque d'Angleterre ont dépassé ces seuils (*cf.* graphique), surtout en achetant des titres. Il a été reproché à la BCE de ne pas être allée aussi loin. Reste que ces tombereaux de liquidités préparent peut-être les bulles de demain. C'est alors à la Fed et à la Banque d'Angleterre qu'on reprochera d'être allées ... trop loin !

**Évolution du bilan des banques centrales pendant la crise (actif total en % du PIB)**

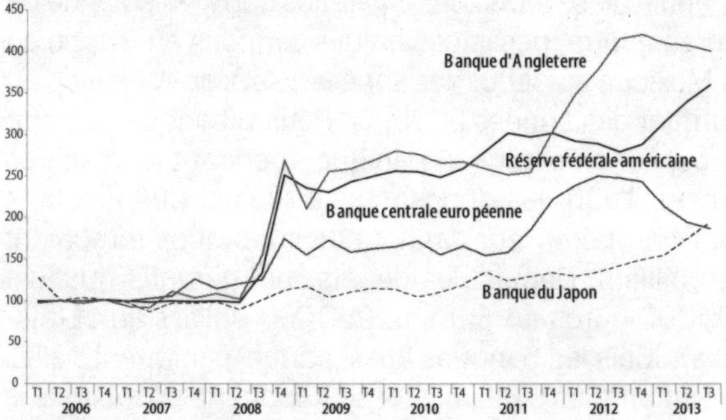


Sources : Note n° 11 du Conseil d'analyse économique, « L'euro dans la "guerre des monnaies" », janvier 2014, à partir des données des banques centrales.

›››››› 

# Pourquoi la confiance est-elle clé dans le secteur bancaire ?

**La confiance : ciment des banques et de la monnaie**

L'existence des banques, comme celle de la monnaie, dépend avant tout de la confiance collective qui leur est accordée. Un billet de 50 euros ne tire pas sa valeur de celle du papier dans lequel il est fait, mais de la conviction de chacun qu'il pourra s'en servir pour s'acquitter d'une dette de 50 euros. De même, chacun accepte de confier son argent à la banque, parce qu'il a confiance dans le fait qu'il pourra utiliser l'argent déposé, au moyen d'une carte bancaire, d'un carnet de chèques… et le retirer selon ses besoins, sans perte.

**Sinon, c'est la panique**

Que l'on vienne à douter de ce que vaudra demain un euro et la monnaie officielle sera vite délaissée pour une monnaie de secours (des cigarettes dans l'Allemagne de l'après-guerre, des jetons ou des coupons en Russie ou au Mexique au début des années 1990, en Argentine au tournant des années 2000…). Pour la banque, la perte de confiance amène la panique : pendant la crise des années 1930, les déposants se ruaient aux guichets pour récupérer leur capital et les banques tombaient par milliers. Depuis, les dépôts sont garantis (jusqu'à 100 000 euros en Europe, 250 000 dollars aux États-Unis). Mais les banques aussi parfois paniquent : elles ne se font plus confiance et se « coupent les robinets ». La banque centrale, banque des banques, devient alors le dernier rempart de la confiance.

›››››

**L'excès de confiance, le germe des crises**

››› La défiance – situation où la confiance n'existe plus – est caractéristique d'une crise. Mais elle n'est qu'un symptôme. Le plus souvent, l'origine de la crise réside, non pas dans le manque, mais dans l'excès de confiance ! C'est le fameux « paradoxe de la tranquillité » mis en lumière par l'économiste américain Hyman Minsky (1919-1996) : c'est quand tout va bien, que l'horizon est dégagé, que l'on prend trop de risque.

**Les signes de la défiance**

››› Des initiatives très diverses semblent souligner une certaine défiance à l'égard de la monnaie et du secteur bancaire traditionnel.
Au tournant des années 1990-2000, des monnaies locales alternatives ont été créées : « Sol-violette » à Toulouse, l'« Abeille » à Villeneuve-sur-Lot, la « luciole » au sud de l'Ardèche. Pendant la crise financière débutée en 2007, des communautés locales du Midwest ont demandé que de nouvelles pièces de dollars en or soient frappées. Enfin, en 2014, la « No Bank » ou « compte Nickel » permet d'ouvrir un compte bancaire en un éclair au bureau de tabac. Les citoyens pensent que la banque traditionnelle n'a pas géré leur argent de manière prudente et responsable et qu'elle appartient à une sphère repliée sur elle-même loin de l'économie réelle.

**Un peu d'humour**

››› *Question :* Comment un banquier de Wall Street vous dit « Allez vous faire voir ailleurs » ? *Réponse* : « Faites-moi confiance ! »
*Dicton bancaire* : « La confiance part en courant et revient en… marchant. »

# Quels sont les risques de l'activité bancaire ?

**À chaque activité bancaire son risque**

Le premier des risques pour une banque est que ses emprunteurs – entreprises, particuliers, administrations, établissements financiers – fassent défaut et ne remboursent pas leur crédit. La banque gère ce « risque de crédit » en sélectionnant et en diversifiant les financements. Le risque de marché, quant à lui, est lié à la variation du prix des titres dans lesquels elle a investi. Sur les marchés financiers et de produits dérivés, la banque s'expose également au risque de contrepartie, c'est-à-dire au défaut des contreparties avec lesquelles elle a signé un contrat financier. Mais outre les risques liés aux activités de marché, l'importance des systèmes informatiques, des procédures à suivre, des contrôles internes à mettre en œuvre, en cas de défaillance matérielle ou humaine, expose la banque à un risque de pertes important : c'est le risque opérationnel.

**À chaque risque son poids théorique**

Toutes les activités, tous les actifs ne présentent pas le même niveau de risque. L'actif total de la banque peut ainsi se découper en montants d'actifs pondérés par leur risque. Dans une grande banque universelle, le risque de crédit représente quasiment les trois quarts du montant total des actifs pondérés par les risques. Viennent ensuite le risque de marché autour de 15 % environ et le risque opérationnel pour environ 10 %.

›››››››

**Poids des risques et méthode d'évaluation**

››› Les risques sont évalués à partir d'une méthode standard que l'autorité de supervision bancaire fournit ou d'un modèle interne élaboré par la banque. L'approche standard prédomine encore pour la mesure du risque de crédit mais, pour tous les autres, les banques préfèrent l'auto-évaluation. Au total, cette dernière fournit plus de la moitié du montant de risque évalué.

| Actifs pondérés par type de risque en millions d'euros | |
|---|---|
| Risque de crédit | 411 151 |
| Risque opérationnel | 51 154 |
| Risque de marché | 89 534 |
| **TOTAL** | **551 839** |
| Part de l'auto-évaluation | 52 % |
| Part de l'évaluation par méthode standard | 48 % |

Source : Auteurs, AlphaValue, rapports annuels de banque 2012.

**« Deux poids, deux mesures ! »**

››› Le poids de chaque métier bancaire dans le total du bilan ne se reflète pas forcément dans celui de son risque. Ainsi, le métier de banque de détail représente seulement 30 % du total du bilan d'un grand groupe, mais près de 63 % du total des actifs pondérés par les risques (*Risk Weighted Assets* – RWA), alors que le métier de banque de financement et d'investissement (BFI) pèse près de 54 % du bilan pour seulement 29 % des RWA. Est-ce parce que les risques de la BFI sont très bien maîtrisés ou est-ce dû à leur évaluation à partir de modèles internes ? La méthode y est pour beaucoup ! La compression du RWA est devenue le sport favori des banques afin d'économiser les fonds propres que la réglementation leur impose (calculés en proportion du RWA).

# Qu'est-ce que le risque systémique ?

**Un risque de défaillance globale**

C'est un risque de dysfonctionnement global du secteur bancaire et/ou financier qui se manifeste par des faillites en chaîne. Il peut provenir d'effets de contagion qui transforment une difficulté locale – touchant une banque, un segment de marché dans un pays donné, une devise, etc. – en difficulté globale, étendue à l'ensemble du secteur bancaire, à plusieurs marchés ou pays. Dans un espace financier mondialisé, les interconnexions de plus en plus fortes entre ses acteurs favorisent cette propagation. La mèche peut être allumée par un choc extérieur au secteur comme un tremblement de terre qui, en détruisant des capacités de production, fait chuter les valeurs boursières d'un pays.

**Inhérent au fonctionnement du système financier**

Le système financier peut aussi s'enflammer de lui-même. Ainsi, lorsqu'une vague d'optimisme touche un domaine d'activité, le prix des actions des entreprises de ce secteur grimpe. Comme tout le monde pense que l'augmentation va se poursuivre, chacun achète ces titres et une « bulle » se forme. Cette hausse fournit des garanties aux emprunteurs qui s'endettent alors davantage et achètent plus d'actions. Les prix grimpent encore et l'emballement s'auto-entretient jusqu'à l'explosion. Au-delà d'un « effet domino », le chemin du risque systémique décrit des boucles qui s'auto-alimentent.

## Les représentations du risque systémique

**Des cercles vicieux**

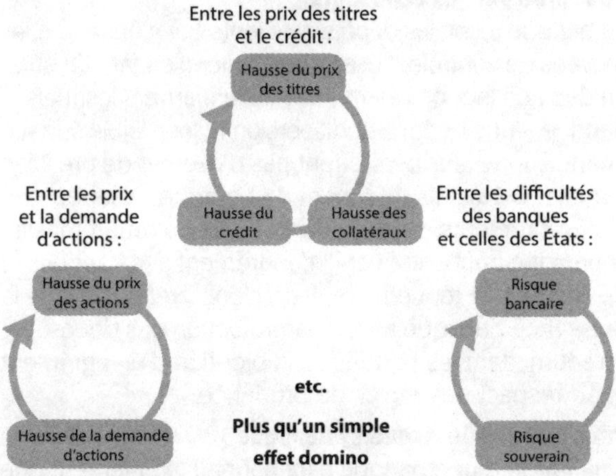


## Une expression en vogue depuis le début de la crise financière

››› Si on retrace l'évolution du nombre d'occurrences de l'expression « risque systémique » dans les articles de presse consacrés à la banque, ce que permettent des logiciels de *wording* type Factiva, on constate l'existence d'un « pic » entre 2007 et 2011 avec comme point culminant 2009. Pourtant, même s'il a été accru par le sur-développement de cette sphère au cours des deux dernières décennies, ce risque ne date pas de la dernière crise financière enclenchée en 2007-2008. C'est toutefois très nettement à partir de cette date que l'expression est devenue médiatique.

›››››

# Pourquoi les banques sont-elles réglementées ?

**Pour protéger les déposants**

La banque reçoit les dépôts de clients qui n'ont guère les moyens de contrôler l'usage que celle-ci en fait. En effet, en dépit de leur position de créanciers envers lesquels la banque a une dette, leur dispersion et leur faible surface financière ne leur permettent pas d'exercer de pression sur elle. Certes, ils disposent d'une arme : aller au guichet retirer leurs dépôts. Mais en cas de retrait massif, la panique peut entraîner l'effondrement des banques et de l'économie tout entière. Il est donc préférable que la puissance publique assure la protection des déposants en soumettant les banques à l'obtention d'un agrément et au respect des règles de prudence.

**Pour prévenir le risque systémique**

Si la faillite d'une banque sanctionnait simplement une mauvaise gestion, on pourrait laisser faire et même en attendre un effet assainissant. Mais la chute d'une banque, surtout de grande taille, est contagieuse. Les difficultés ont vite fait de se répandre par de multiples canaux : clients pris de panique, marché interbancaire où les banques sont liées par des prêts et des emprunts, produits dérivés dont la complexité et l'« effet de levier » décuplent le risque de faillites en chaîne, comme à partir de 2007. Une difficulté individuelle peut ainsi se propager, s'amplifier et s'étendre à l'ensemble du système.

**L'indispensable couple réglementation-supervision**

››› La réglementation désigne les règles qui s'imposent aux banques. Pour en vérifier le respect, des autorités de supervision sont mises en place. Leur mission est donc de contrôler la bonne application des règles et de sanctionner les contrevenants. En France, c'est l'Autorité de contrôle prudentiel et de résolution (ACPR), créée en 2010, qui est chargée de contrôler les banques. Dans le cadre de l'Union bancaire européenne, la supervision des grandes banques a été confiée à la Banque centrale européenne.

**Qu'est-ce que la réglementation prudentielle ?**

››› Les années 1980 ont été celles de la libéralisation financière. En France, par exemple, l'encadrement du crédit est alors supprimé, tout comme les prêts à taux bonifiés : on « dé-réglemente ». Les années 1990 sont celles d'une re-réglementation, très partielle et imparfaite sous la pression des *lobbies* bancaires. On parle alors de « réglementation prudentielle » car elle est censée inciter les banques à une gestion prudente, notamment grâce à l'existence d'un ratio de fonds propres. La réglementation prudentielle a évolué dans les années 2000 mais sans empêcher la crise, preuve de son insuffisance. L'après-crise sera peut-être marqué par le retour à des réglementations structurelles (séparation des activités bancaires, plafonnement de la taille des établissements…) en complément des réglementations prudentielles.

# Pourquoi les banques doivent-elle respecter des « ratios prudentiels » ?

**Un ratio de fonds propres pour réduire le risque d'insolvabilité**

Tous les investissements des banques sont risqués. En cas de chute du prix des titres ou de crédits non remboursés, la banque peut devenir insolvable. D'où l'importance d'avoir une proportion suffisante de fonds propres. Depuis la fin des années 1980, les banques doivent respecter un ratio de fonds propres. Fixé, jusqu'à la crise, au minimum de 8 % des actifs pondérés par les risques, il a été renforcé en 2014 et augmentera jusqu'à 10,5 % en 2019 (voire 13 % en cas d'emballement du crédit). Mais ses pondérations le rendent manipulable par les banques.

**Un ratio de liquidité pour réduire le risque d'illiquidité**

Même bien dotée en capital, une banque peut être à court de liquidité (risque « d'illiquidité »). En effet, le passif d'une banque en Europe est composé d'environ 97 % de dettes financières et de 3 % de fonds propres contre environ 53 % de dettes et 47 % de fonds propres pour les entreprises non financières. Ses ressources sont donc volatiles. Si les déposants ou les autres créanciers perdent confiance et réclament leurs fonds, la banque devient vite « illiquide ». Soit elle obtient un refinancement, soit elle fait faillite. Un ratio de liquidité exigeant que la banque ait assez d'actifs très liquides, pour faire face à ses décaissements nets de trésorerie sur au moins 30 jours, est désormais en vigueur.

**Une crise de trésorerie suffit à faire tomber une banque**

››› Cela a été notamment le cas de la banque Dexia à deux reprises : en septembre 2008, alors que son ratio de solvabilité (9,1 %) était au-dessus du niveau requis, et à nouveau en septembre 2011, quand ce ratio était encore plus élevé (13,1 %). Même chose pour les banques irlandaises qui ont passé haut la main les *stress-tests* de solvabilité européens en septembre 2010, pour succomber deux mois plus tard à une crise de liquidité. Le Crédit Immobilier de France s'est lui aussi noyé dans un trou de liquidités de 5 milliards d'euros début septembre 2012, alors que son ratio de fonds propres dépassait 14,7 % fin 2011.

***Bank run*** **d'hier et** ***market run*** **d'aujourd'hui**

››› Une crise d'illiquidité débute par un mouvement de panique. Au début des années 1930, suite au krach de 1929, les déposants se ruaient aux guichets de leur banque pour récupérer leurs dépôts. En cas de retraits massifs, l'illiquidité entraînait immanquablement la faillite. Grâce aux dispositifs de garantie des dépôts, les clients ne paniquent plus, ou presque. Désormais, ce sont les détenteurs de dettes contractées par les banques sur les marchés qui peuvent paniquer.

**Le ratio de levier**

››› Il rapporte l'exigence de fonds propres aux actifs sans les pondérer par le risque. Plus simple, il est moins manipulable que le ratio standard. Avec un minimum de 3 %, il est néanmoins peu contraignant (il était de l'ordre de 20 % pour les banques britanniques dans les années 1960).

›››››› 

# Qu'est-ce que la titrisation ?

**Transformer des créances en titres financiers**

C'est une technique financière apparue aux États-Unis dans les années 1970 sur le marché des crédits hypothécaires et largement diffusée ensuite. Elle consiste à constituer un « paquet » de crédits aux caractéristiques semblables, à le sortir du bilan de la banque, à le transformer en un produit financier pour le vendre à des investisseurs. Pour les banques, cette technique permet de transférer à ces investisseurs le risque associé aux crédits et donc de réduire leurs fonds propres nécessaires pour couvrir ces créances. C'est pourquoi les banques en ont fait un usage intensif dans les années 2000. La titrisation leur a permis de desserrer la contrainte réglementaire de fonds propres.

**Un bouleversement du modèle d'activité bancaire**

Avec la titrisation, le modèle d'activité des banques a basculé. Les créances de la banque ne sont plus conservées dans son bilan mais distribuées à des sociétés *ad hoc* (véhicules de titrisation ou fonds communs de créances). Les autorités de supervision ne se sont pas méfiées : elles y voyaient un instrument de partage des risques. Mais en disséminant le risque, la titrisation a dilué l'incitation à le contrôler et réduit le coût d'en prendre davantage. Elle a multiplié les intermédiaires et s'est accompagnée de produits financiers très complexes, nourrissant l'opacité du système.

### Des banques européennes moins fautives ?

››› Les banques européennes se défendent souvent de ne pas avoir eu autant recours à la titrisation que leurs homologues américaines. Les flux européens d'émissions de titres issus de la titrisation (*cf.* tableau) sont en effet très inférieurs à ceux des États-Unis jusqu'à la crise, puis partout déclinent fortement. Moins présentes côté « cédants », les banques européennes ont cependant fait partie des investisseurs à l'autre bout de la chaîne.

Montants annuels d'émissions d'actifs titrisés (flux, en milliards d'euros)

| | 2000 | 2005 | 2006 | 2007 | 2008 | 2009 | 2011 | 2012 | 2013 |
|---|---|---|---|---|---|---|---|---|---|
| Europe | 78,2 | 327 | 481 | 453,7 | 711,1 | 423,6 | 372 | 251 | 180,8 |
| États-Unis | 1 088,0 | 2 650,6 | 2 455,8 | 2 147,1 | 933,6 | 1 358,9 | 1 013,7 | – | – |

Source : European Securitisation Forum. Securitisation Data Report.

### La titrisation mieux contrôlée depuis la crise ?

››› Les accords de Bâle 3, impulsés par le G20 et le Financial Stability Board (FSB), ont renforcé le contrôle de la titrisation. Les banques doivent conserver à leur bilan 5 % des actifs qu'elles titrisent. Les lignes de crédits qu'elles accordent aux véhicules de titrisations et les actifs issus de la titrisation font l'objet d'exigences accrues en fonds propres. Plus d'informations sont également requises. De quoi repartir sur de bonnes bases ? Ce n'est pas certain. Pourtant, la Commission européenne, en mars 2014, et la Banque centrale européenne, dès avril 2014, appelaient chacune de leurs vœux la relance des opérations de titrisation pour stimuler le crédit aux petites et moyennes entreprises et aider au redémarrage de l'économie européenne.

# Qu'est-ce que le *shadow banking* ?

**Un secteur bancaire parallèle**

La définition du *shadow banking* fait débat. On peut toutefois l'appréhender comme un ensemble d'institutions non bancaires échappant aux règles de ce secteur alors qu'elles réalisent des activités de crédit et de transformation assimilables à celles des banques. La Commission européenne recense dans son Livre vert de 2012 cinq types d'entités et deux activités (*cf.* encadré) pouvant appartenir à ce secteur bancaire parallèle. Un tel inventaire a toutefois l'inconvénient de mettre dans le même sac des établissements régulés (assurances, OPCVM) et d'autres, opaques et spéculatifs (*hedge funds*, véhicules *ad hoc* de titrisation).

**Étroitement lié au secteur bancaire traditionnel**

Le plus important n'est pas de délimiter le périmètre mouvant du *shadow banking*, mais d'identifier les liens qui le rattachent au secteur bancaire traditionnel. Les entités du *shadow banking* sont en partie le produit du contournement par les banques de la réglementation et n'existent qu'au moyen des garanties et des liquidités bancaires. Par exemple, les véhicules de titrisation disposent de lignes de crédit auprès des banques et celles-ci consentent également des crédits aux fonds spéculatifs (*hedge funds*). Agir sur ces liens constitue la piste la plus prometteuse pour réduire le *shadow banking*.

**Le *shadow banking* selon la Commission européenne**

››› Cinq types d'entités :
– des entités *ad hoc* qui entrent dans la chaîne de l'intermédiation sans recevoir de dépôts, comme par exemple les véhicules de titrisation ;
– des fonds monétaires dont les produits ressemblent à des dépôts ;
– des fonds d'investissement qui procurent des crédits ou des garanties de crédits ;
– des sociétés de financement et des entités spécialisées dans les titres fournissant des crédits ou des garanties de crédit, ou réalisant des opérations de transformation de liquidités ou d'échéances, sans être réglementées comme les banques ;
– des assureurs fournissant des garanties de crédit.
Deux activités :
– la titrisation ;
– les opérations de prêts de titres ou de pension (appelées « repos »).
(Source : Livre vert de la Commission européenne, « Le système bancaire parallèle », mars 2012)

**La crise n'a pas réduit l'ampleur du *shadow banking*!**

››› Le Conseil de stabilité financière (Financial Stability Board), lié au G20, estime le poids de ce secteur à :
– 26000 milliards de dollars en 2002, 62000 milliards en 2007, **71 000 milliards en 2012 (plus qu'à la veille de la crise !)**, au niveau mondial ;
– 22000 milliards de dollars en zone euro (plus 9000 milliards de dollars au Royaume-Uni) ;
– 23000 milliards aux États-Unis en 2011, 26000 milliards en 2012.
Le *shadow banking* représenterait environ le quart des actifs de la finance mondiale.

# Les banques sont-elles responsables de la crise actuelle ?

**Elles ont pris trop de risques**

La taille des bilans bancaires a triplé voire quadruplé dans les principaux pays de l'OCDE entre le début des années 1990 et la veille de la crise en 2007. Les banques ont transféré aux marchés et aux intermédiaires non bancaires les risques qu'auparavant elles conservaient. Or, quand on n'a plus besoin d'assumer les risques pris, on en prend davantage ! Ainsi, les banques se sont mises en péril sur les activités de marché mais aussi dans leur traditionnelle activité de crédit. Et ce n'est pas qu'aux États-Unis, patrie du crédit *subprime*, que le crédit s'est emballé !

**Dans un contexte trop permissif**

Le contexte a favorisé aussi cette prise de risque. Suite au krach internet de 2000 et aux attentats du 11 septembre 2001, les taux d'intérêt ont été abaissés, ce qui a facilité le refinancement des banques (apport de liquidités). Les exigences en fonds propres étaient aussi trop faibles pour couvrir les activités de marché des banques et aucun garde-fou n'existait en matière de liquidité. Les activités de crédit étaient davantage garanties par ces fonds. Mais la titrisation et les modèles d'évaluation des risques développés par les banques leur ont permis de desserrer cette contrainte, tout en nourrissant un formidable excès de confiance. Donc pas d'entière responsabilité des banques dans la crise actuelle, mais la plus grande part.

**D'origine américaine, la crise des *subprimes* a néanmoins débuté en France!**

››› Le grand public a pris conscience de la crise des *subprimes* avec la faillite de la banque d'affaires américaine Lehman Brothers le 15 septembre 2008. Mais le début de la crise date en fait du... 9 août 2007. Trois établissements financiers français – la banque universelle BNP Paribas, l'assureur Axa et le prestataire de services en investissement Oddo – ont alors gelé le remboursement aux investisseurs de leurs « Sicav monétaires dynamiques », rebaptisées pour l'occasion Sicav monétaires « dynamitées ». En effet, ils avaient investi une partie de leurs actifs en *subprimes* irrécouvrables. Ce gel français a forcé la Banque centrale européenne (BCE) à injecter 95 milliards d'euros sur le marché monétaire. En comparaison, après les attentats du 11 septembre 2001, la BCE n'avait injecté « que » 64 milliards d'euros.

**L'emballement du crédit**

(crédit au secteur privé – entreprises et ménages – en % du PIB national)

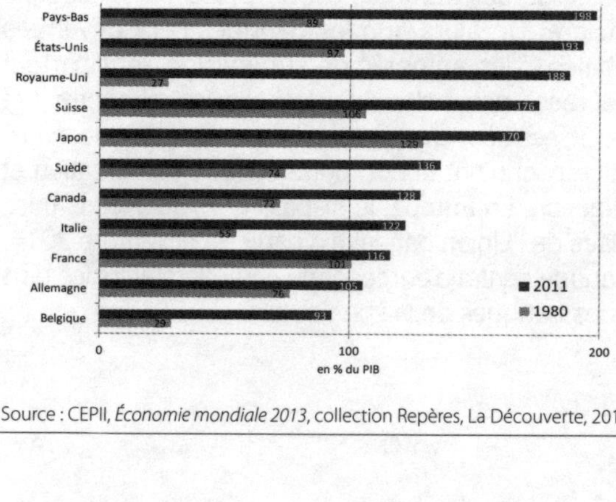


Source : CEPII, *Économie mondiale 2013*, collection Repères, La Découverte, 2012.

›››››

# Qui surveille les banques ?

**Des autorités de supervision**

Dans chaque pays, des autorités sont chargées de surveiller l'application de la réglementation bancaire au moyen de contrôles effectués sur pièces et sur place dans les établissements. Avant la crise, le modèle d'une autorité unique en charge des banques, des assurances, des fonds réglementés, voire des marchés boursiers, semblait s'imposer. Il était en phase avec l'intégration croissante des métiers bancaires et financiers. On le retrouvait au Royaume-Uni ou dans les pays d'Europe du Nord. La France s'en rapprochait avec la création en 2010 de l'Autorité de contrôle prudentiel en charge des banques et des assurances. Dans d'autres pays (Europe du Sud et Émergents), un modèle plus ancien prévalait où la supervision des banques incombait à la banque centrale. La crise a renforcé ce second type de modèle dont l'efficacité n'est pas démontrée.

**Mais seulement nationales pour une finance globale**

L'objectif de ces autorités est de préserver la stabilité financière. Or, alors que les banques sont devenues « globales », les autorités de supervision sont partout demeurées « nationales ». Certes, elles se rencontrent et sont censées coopérer au sein de comités internationaux. Mais ceux-ci n'ont aucun pouvoir de réglementation et de sanction. En Europe, le dispositif évolue avec la mise en place de l'Union bancaire à partir de novembre 2014. La Banque centrale européenne contrôlera alors les plus grandes banques de la zone euro.

**« *Twin Peaks* »,**
**le modèle de contrôle français à deux piliers**

››› En France, l'Autorité de contrôle prudentiel et de résolution (ACPR, ainsi dénommée depuis la loi bancaire de juillet 2013) et l'Autorité des marchés financiers (AMF) sont les deux piliers du dispositif de supervision. L'ACPR surveille les banques et les assurances. L'AMF contrôle le bon fonctionnement des marchés boursiers et des entreprises d'investissement. L'AMF est également chargée de représenter les intérêts des consommateurs de services bancaires et financiers. Elle doit s'assurer de l'adéquation des produits proposés à leurs besoins et de la mise à disposition de l'information bancaire. Ces deux institutions sont issues de fusions d'autorités autrefois sectorielles.

**Les marchés et les clients**
**surveillent-ils aussi les banques ?**

››› En théorie, les créanciers professionnels des banques peuvent exercer une pression sur elles. Les intérêts exigés quand ils prêtent aux banques tiennent compte de l'importance du risque pris par les établissements. Si une banque prend trop de risque, son coût de financement augmente. Cet ajustement est cependant faussé par la garantie implicite de sauvetage par l'État dont bénéficient les grandes banques. Quant aux déposants particuliers, leur dispersion fait obstacle à l'exercice d'une pression efficace. Dans les deux cas, les autorités de supervision bancaire doivent cependant veiller à ce que l'information bancaire et financière soit accessible et lisible pour que la discipline de marché fonctionne.

›››››››

# Qu'est-ce que l'Union bancaire ?

**Un dispositif à trois volets**

Le premier volet de l'Union bancaire met en place un mécanisme de surveillance unique (MSU) qui confie à la Banque centrale européenne (BCE) le contrôle des quelque 130 plus grandes banques de la zone euro. Les États membres hors zone euro qui en feront la demande pourront y participer. Le deuxième volet est un mécanisme de résolution unique des difficultés bancaires (MRU) chargé d'organiser le démantèlement ou la liquidation des banques insolvables (y compris les plus grandes d'entre elles). Le troisième volet est une garantie européenne solidaire et unique des dépôts garantissant aux citoyens des États membres de la zone euro de recouvrer sans décote et sans délai les dépôts confiés à une banque de la zone dans la limite de 100000 euros.

**Une mise en place par étapes**

Le calendrier de l'Union bancaire risque toutefois de décevoir les attentes placées en elle. La mise en place va se faire de manière séquentielle : le MSU sera opérationnel en novembre 2014, tandis que le MRU ne le sera que très progressivement pour ne le devenir pleinement qu'en 2023. La garantie des dépôts entrera en application en juillet 2015 et, si elle a été harmonisée à 100000 euros, elle reste tributaire des fonds nationaux de garantie des dépôts. D'ici là, l'aide aux banques en difficulté continuera de peser au moins en grande partie sur les États nationaux...

**Une réforme cruciale pour la zone euro**

››› L'Union bancaire a pour objectif de restaurer la stabilité financière de la zone euro en tirant les leçons des crises financière (2008) et des dettes souveraines (2010-2011). Son principe a été adopté en juin 2012 par les chefs d'État et de gouvernement de l'Union européenne (UE). Il s'agit notamment de rompre le lien entre les banques et leurs États afin d'éviter le cercle vicieux de 2010 où le risque bancaire alimentait le risque souverain, et de réunifier une zone euro très fragmentée depuis la crise des dettes souveraines.

***Quid* des petites banques ?**

››› La BCE assurera le contrôle des établissements de crédits « importants », ce qui représente 82 % de l'ensemble des actifs bancaires. Les « petites » banques, quant à elles, resteront supervisées par l'autorité nationale. Toutefois, la BCE peut décider à tout moment d'exercer un contrôle direct sur ces banques si nécessaire. L'importance des établissements bancaires est évaluée en fonction de plusieurs critères dont la valeur totale de leurs actifs et leur poids dans l'économie du pays ou de l'Union.

**La banque centrale, bien armée pour la supervision ?**

››› Une banque centrale manie mieux le macroscope de la surveillance globale que le microscope des contrôles sur pièces et sur place. Cela fait potentiellement d'une banque centrale un meilleur superviseur « MACROprudentiel » que « MICROprudentiel ». Mais avec l'Union bancaire, c'est le micro- et non le macroprudentiel que l'on confie à la BCE.

# À quoi sert le Comité de Bâle ?

**Un club de superviseurs**

Le Comité de Bâle permet de réunir les superviseurs bancaires de 27 pays membres. Il a été créé en 1974 à l'initiative des banques centrales du G10, suite à deux faillites bancaires retentissantes l'une en Allemagne (Banque Herstatt), l'autre aux États-Unis (Franklin National Bank). Les bonnes pratiques et les standards qu'il promeut pour améliorer la stabilité financière prennent la forme d'accords signés, au terme d'une consultation souvent longue, à laquelle participent également les banques et leurs lobbies. Ces accords ont valeur de « recommandation ». Ils ne deviennent des réglementations qu'une fois transposés dans le droit de chaque État signataire.

**Pour réfléchir à la régulation des banques (Bâle 1, 2 et 3)**

Il aura fallu quatorze années pour parvenir aux premiers accords (Bâle 1) recommandant aux banques de respecter un ratio d'au moins 8 % entre les fonds propres et les actifs exposés au risque de crédit. Signés en 2004, les accords de Bâle 2 ont élargi la couverture aux risques de marché et opérationnel sans changer l'exigence globale de 8 %. Ils ont surtout autorisé les plus grandes banques à utiliser leurs modèles internes pour participer au calcul du ratio. Les accords de Bâle 3 ont rapidement suivi du fait de la crise.

❯❯❯❯❯❯

**Comité de Bâle : qui est *in* ?**

❯❯❯ Les 27 pays membres sont : Afrique du Sud, Allemagne, Arabie saoudite, Argentine, Australie, Belgique, Brésil, Canada, Chine, Corée du Sud, Espagne, États-Unis, France, Hong Kong, Inde, Indonésie, Italie, Japon, Luxembourg, Mexique, Pays-Bas, Royaume-Uni, Russie, Singapour, Suède, Suisse, Turquie.

**Pourquoi Bâle ?**

❯❯❯ Le Comité est logé au sein de la Banque des règlements internationaux (BRI) située à Bâle. La BRI est la plus ancienne organisation financière internationale. Elle a été créée en 1930 dans le cadre du plan Young de rééchelonnement des réparations de guerre allemandes imposées par le traité de Versailles de 1919. Elle œuvre à la coopération monétaire et financière internationale et fait office de banque des banques centrales. C'est un centre de recherche très actif sur les questions de stabilité financière.

**Comment parvient-on à un accord au sein du Comité de Bâle ?**

❯❯❯ « Les décisions du Comité sont adoptées sur la base d'un consensus entre ses membres. », Comité de Bâle sur le contrôle bancaire, Charte, janvier 2013.

Ce consensus est toujours très difficile à obtenir. La seule façon de minimiser les désaccords entre les pays, qui défendent chacun l'intérêt de leur propre secteur bancaire, est de réduire le contenu de l'accord en jeu au plus petit dénominateur commun. C'est pourquoi le Comité de Bâle a beau être abrité par la BRI, qui est à la pointe des recherches sur l'instabilité financière, il produit des accords souvent décevants.

›››››››

# Faut-il avoir peur des accords de Bâle 3 ?

**Les banques ont crié au loup...**

Selon les banques, les accords de Bâle 3 publiés le 16 décembre 2010 vont affecter la capacité du secteur à distribuer des crédits. Le financement de l'économie en pâtirait et donc *in fine* la croissance. Mais la question qui importe pour la collectivité est moins le maintien des profits des banques que le rétablissement de la stabilité financière. Or celle-ci passe par des bilans bancaires plus solides.

**... devant « la souris qui ne rugit pas » !**

Cette expression de Martin Wolf souligne que si Bâle 3 va dans le sens de la stabilité financière, c'est à tout petits pas. La recherche du consensus condamne toujours au « plus petit dénominateur commun ». Bâle 3 rehausse en quantité et en qualité l'exigence de fonds propres : le ratio atteindra au total 10,5 % de fonds propres en 2019, dont 7 % de fonds propres durs – actions + réserves ; un autre ratio de fonds propres plus simple, non pondéré par les risques, le ratio de levier, est fixé à 3 % du total des actifs ; et deux ratios de liquidité devraient mettre les banques à l'abri d'une crise de liquidité.

**Une micro-touche de régulation macroprudentielle**

Un petit coussin de fonds propres, entre 0 et 2,5 %, s'ajoutera aux exigences minimales selon l'état du cycle financier. Il sera déclenché par le superviseur de chaque État quand le crédit commencera à s'emballer. Sont également prévues des surcharges en fonds propres pour les banques « systémiques ».

**Les ratios prudentiels de Bâle, la sécurité routière de la finance ?**

››› Les grands ratios prudentiels de Bâle 3 sont le ratio de liquidité à 30 jours (LCR, *Liquidity Coverage Ratio*), le ratio de transformation à un an (NSFR, *Net Stable Funding Ratio*), le ratio de solvabilité et le ratio de levier (*Leverage*). Par analogie avec la sécurité routière, le ratio de liquidité à 30 jours, c'est un peu comme l'alcotest : on ne prend pas le volant au-delà d'une certaine quantité. Le ratio de transformation à un an est comparable à la limitation de vitesse, le ratio de levier à la bonne vieille ceinture de sécurité, tandis que le ratio de solvabilité fait office d'*airbag* (sans exclure d'ailleurs un déclenchement inopiné !).

**Citation contre citation**

››› « L'impact [de Bâle 3] pourrait atteindre six points de croissance. Si l'Europe fait ce choix, alors c'est soit deux ans de forte récession garantis, ou quatre ans de croissance nulle » (Jean-Laurent Bonnafé, directeur général de BNP Paribas, entretien aux *Échos* du 19 mars 2010). [Les experts de Bâle estiment l'impact à 0,4-0,6 point de croissance].

« Le but, c'est un secteur bancaire en bonne santé, pas des banques profitables ! » (Anat Admati, *Financial Times*, 9 novembre 2010).

« Les banques qui renforcent leur capital sont dans une meilleure situation pour prêter, pour affronter la concurrence sur n'importe quel marché et pour obtenir des résultats satisfaisants pour les investisseurs » (Thomas Hoenig, vice-président de la FDIC, *Le Monde*, 9 avril 2014).

# Les déposants des banques sont-ils bien protégés ?

**La garantie des dépôts**

Au début des années 1930, après le krach de 1929, les autorités américaines ont réalisé la nocivité des ruées aux guichets et mis en place une garantie des dépôts gérée par la *Federal Deposit Insurance Corporation* (FDIC). Sa contrepartie était la séparation entre banques de dépôts et banques d'affaires. Les banques cotisent auprès d'un fonds qui assure les dépôts jusqu'à un certain plafond. La garantie des dépôts s'est ensuite diffusée dans le monde.

**Jusqu'à 100 000 euros en Europe**

La garantie des dépôts existait avant la crise en Europe mais les dispositifs étaient nationaux et hétérogènes. En 2009, une directive a harmonisé à 100 000 euros le niveau de garantie des dépôts bancaires au sein de l'Union européenne et a fixé à 20 jours le délai d'indemnisation des déposants. L'Union bancaire européenne prévoit un dispositif solidaire et unique d'assurance-dépôt (directive du 16 avril 2014). En attendant sa mise en œuvre, les dispositifs nationaux restent en place.

**Efficace tant qu'elle ne fonctionne pas !**

La dotation des fonds nationaux pour assurer la garantie des dépôts peut apparaître faible au regard du montant de dépôts assurés. En France, par exemple, les réserves du fonds de garantie des dépôts étaient en 2012 de 2 milliards d'euros pour assurer quelque 1 500 milliards d'euros de dépôts, soit 0,13 % du montant.

**La cotisation annuelle des banques françaises au fonds de garantie des dépôts**

››› Jusqu'en 2007, elle était faible, de l'ordre de 80 millions d'euros. Rehaussée à 500 millions d'euros en 2013, le prélèvement correspondant ne dépasse guère 0,03 % des dépôts. Mieux vaut donc que du seul fait d'exister, ce dispositif dissuade la panique, car en cas de crise systémique, il serait bien à la peine …

**La répartition des dépôts bancaires en France**

››› Sont assurés les dépôts à vue, les comptes sur livret (A, LDD/Codevi, Livret bancaire), les plans d'épargne-logement… pour un montant total par déposant et par banque de 100000 euros. En France, 88 % des dépôts sont inférieurs à 50000 euros. 6 % sont compris entre 50000 et 100000 euros. Les 6 % restants de comptes courants (dépôts supérieurs à 100000) ne sont pas assurés, bien qu'ils représentent 25 % des montants en volume.

**Garantie des dépôts et aléa moral**

››› Si vous avez toujours une roue de secours dans le coffre de votre voiture, vous éviterez moins les chemins caillouteux! En économie, on parle d'aléa moral pour désigner toute forme d'assurance incitant son bénéficiaire à relâcher sa vigilance. Cela vaut aussi pour la garantie des dépôts. Aux États-Unis, où elle existe depuis longtemps, il lui a souvent été reproché d'augmenter la prise de risque des banques. Faudrait-il alors la supprimer ? Ce serait un peu comme jeter le bébé avec l'eau du bain, les déposants particuliers n'étant pas capables d'évaluer le risque d'une banque! Il faut, en revanche, empêcher la prise de risque des banques de devenir excessive en s'appuyant notamment sur les ratios prudentiels.

›››››› 

# Qui doit supporter les pertes des banques ?

**Ceux qui engrangent les profits quand ça va bien...**

Les banques ont accumulé jusqu'à la crise des profits substantiels. Elles les ont partagés entre certains de leurs salariés et leurs actionnaires, ce qui n'est pas anormal. Ce qui l'est en revanche, c'est qu'elles n'aient pas davantage mis à contribution leurs actionnaires et créanciers pour se recapitaliser et éponger leurs pertes à partir de 2007.

**...doivent aussi supporter les pertes quand ça tourne mal**

Le risque de crise systémique due à la faillite d'une banque n'implique pas une prise en charge systématique et sans limite de ses pertes par les pouvoirs publics. Les créanciers professionnels devraient logiquement être sollicités avant. Rétablir le bon ordre des choses est l'enjeu des mécanismes de résolution prévus dans les réformes bancaires, notamment l'Union bancaire.

**Plus de *bail in*, moins de *bail out***

Désormais, les actionnaires et les créanciers des banques – les porteurs de dette autres que les déposants – seront mis à contribution, dans la limite cependant de 8 % du bilan. C'est ce que l'on appelle le *bail-in* (renflouement interne) par opposition au *bail-out*, renflouement externe par les pouvoirs publics. Si le *bail-in* ne suffit pas, la banque pourra recourir à un fonds de résolution, et ce n'est qu'au-delà que sera mobilisé l'argent des pouvoirs publics, donc des contribuables… du moins on l'espère.

›››››

**Les contribuables ne paieront-ils plus jamais ?**

››› Il ne faut pas rêver! Le *bail-in* fonctionnera surtout pour les petites banques. Mais en cas de grosse faillite bancaire, les ressources nationales et européennes seront largement insuffisantes pour ne pas faire appel au contribuable. Dexia offre un exemple instructif : de l'aveu de ses propres dirigeants, lors d'une audition devant l'Assemblée nationale le 22 mai 2013, une liquidation immédiate entraînerait une perte de 50 milliards d'euros. Avec une taille de bilan de l'ordre de 266 milliards d'euros, même en mettant les créanciers à contribution (*bail-in*), resterait à éponger quelque 27 milliards. C'est la moitié des réserves du fonds de résolution européen qui ne sera totalement abondé qu'en … 2024!

**L'outrage aux déposants chypriotes**

››› En pleine crise chypriote, en mars 2013, pendant les négociations entre Chypre et l'Eurogroup, il avait été envisagé de taxer exceptionnellement les dépôts, sans aucun égard pour la garantie qui, dans l'Union européenne, est censée les couvrir jusqu'à 100 000 euros. Le passif des banques chypriotes étant composé aux ¾ de dépôts, il n'était certes pas simple de faire partager les pertes aux créanciers des banques sans toucher les déposants. Mais il y a une limite que le *bail-in* ne doit pas franchir : les dépôts inférieurs à 100 000 euros. Y toucher c'est prendre le risque d'une déflagration systémique en sapant la confiance des déposants, celle-là même que la garantie des dépôts vise à préserver.

# Qu'est-ce qu'une banque « *too big to fail* » ?

**Une banque trop grande pour faire faillite**

Le poids d'une banque, mesuré par le total de son bilan, permet d'estimer l'ampleur des conséquences de sa faillite éventuelle. Plus son bilan pèse lourd, plus les dommages collatéraux sont importants : beaucoup d'entreprises se retrouvent à court de financement, les déposants à court de moyens de paiement, d'autres banques sont à leur tour touchées sur le marché interbancaire, etc.

**Implicitement subventionnée par les pouvoirs publics**

Les pouvoirs publics se refusent donc à ne pas secourir une banque trop importante. Le principe « *too big to fail* » (TBTF) part d'une bonne intention : éviter le risque systémique dû à la faillite d'un grand établissement. Mais les investisseurs et les agences de notation accordant de la valeur à cette garantie de sauvetage, les banques TBTF sont mieux notées et se financent à moindre taux. C'est comme si elles recevaient une subvention des pouvoirs publics. Le Fonds monétaire international en a estimé le montant, pour celles de la zone euro, entre 90 et 300 milliards de dollars en 2011-2012.

**Qui n'en finit pas de grossir !**

Grâce à cela, une banque TBTF peut encore grossir. Et plus elle grossit, plus les pouvoirs publics veulent éviter sa chute, et plus elle est subventionnée... Un cercle vicieux dont nos gouvernants peinent à sortir, d'autant qu'ils ont encouragé la formation de grands établissements.

›››››

**Combien pèsent les plus grosses banques ?**

››› Ce graphique extrait du rapport Liikanen (2012) mesure l'actif total des groupes bancaires (européens à gauche, américains à droite) en pourcentage du PIB national. En France par exemple, le total de bilan de BNP Paribas pèse l'équivalent de 100 % du PIB.

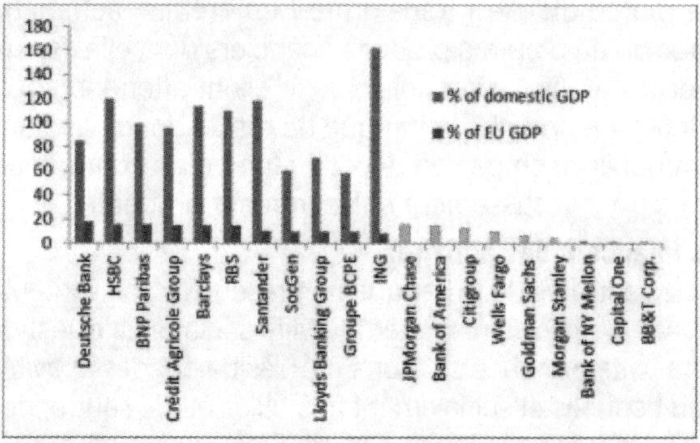


Source : SNL Financial. Eurostat. Extrait du rapport du groupe d'experts de haut niveau sur la réforme structurelle du secteur bancaire de l'UE, présidé par Erkki Liikanen, 2 octobre 2012.

**La taille n'est pas le seul critère de « systémicité »**

››› Le Comité de Bâle retient cinq critères de classification d'un établissement financier en institution financière d'importance systémique mondiale ou G-SIFIs (*Global Systematically Important Financial Institutions*) :

1) l'importance des activités transfrontières ;
2) la taille du bilan et des engagements hors-bilan ;
3) les interconnexions avec les autres institutions financières ;
4) le degré de substituabilité des activités exercées ;
5) la complexité des activités (activités de marchés, produits dérivés, taille des actifs difficiles à évaluer).

# Les dépôts des particuliers sont-ils utilisés pour spéculer sur les marchés ?

**Les dépôts ne dorment pas au coffre!**
Les dépôts qu'une banque collecte sont pour elle une ressource qu'elle « transforme » en crédits, achats de titres ou en d'autres produits financiers dont elle espère tirer un profit. La sécurité que le client attend lorsqu'il confie son argent à la banque ne réside donc pas dans l'immobilisation de son dépôt au fond d'un coffre, mais dans un investissement suffisamment prudent.

**Ils financent des activités**
Or les activités de la banque ne présentent pas le même niveau de risque ni la même utilité sociale. La question serait vite tranchée si, d'un côté, résidaient des activités peu risquées et socialement très utiles et, de l'autre, des activités très risquées et inutiles. C'est évidemment plus compliqué. Ainsi, au sein d'activités de même nature comme les crédits, ceux destinés aux PME et servant à leur investissement sont socialement plus utiles que les crédits à la consommation qui poussent des ménages fragiles vers le surendettement.

**Pas toutes socialement utiles**
Toute activité bancaire – traditionnelle de crédit ou de marché – comporte un risque. L'important est qu'il soit couvert et que l'utilité sociale de l'activité soit avérée. Or, plus celle-ci est complexe, plus son utilité sociale est difficile à démontrer. Et en matière de complexité, certaines activités de marché sont difficiles à battre!

**Que sont les activités de marché d'une banque ?**

››› Elles se font sur le marché primaire (nouvelles émissions de titres négociables : marché du « neuf ») ou sur le marché secondaire (« tenue de marché » permettant aux investisseurs de revendre leurs titres avant leurs échéances : marché de « l'occasion »). Elles concernent des instruments cotés en bourse ou traités de gré à gré (OTC, *over the counter*). Elles portent principalement sur les « actions » (« *equities* ») et les « taux » (« FICC » pour « *Fixed Income*/obligataire, *Currencies*/devises *and Commodities*/matières premières ») et s'effectuent au comptant ou à terme (marchés dérivés).

**Un exemple d'activité inutile et très risquée**

››› Certains produits dits « structurés » ont des options « cachées » (taux indexé par exemple sur l'évolution du cours de change d'une monnaie), parfois appelées « exotiques ». Ils ont notamment fait prendre des risques démesurés à des collectivités locales et des hôpitaux français loin d'être équipés pour y parer : ce fut le cas des prêts « toxiques » de Dexia. Les mots « exotique » et « toxique » sont composés des mêmes lettres à une près…

**Selon Adair Turner**

››› « Certes, le secteur des services financiers remplit des fonctions vitales pour l'économie, et il continuera à jouer un rôle important dans l'économie londonienne, mais une partie des activités financières qui ont proliféré au cours des dernières années étaient "socialement inutiles" », président de la FSA (régulateur britannique), Mansion House speech, 22 septembre 2009.

# Les opérations sur produits dérivés, aussi utiles que lourdes au bilan des banques ?

**Des produits dérivés pour couvrir des risques**

Au hors-bilan des grands groupes bancaires figurent de gigantesques montants notionnels d'opérations sur produits dérivés. *A priori,* ces produits sont utilisés pour gérer les risques auxquels les banques sont exposées. Elles ont été friandes de dérivés de crédit leur permettant de transférer ce risque sur d'autres investisseurs. Barclays, BNP Paribas, Deutsche Bank ont chacune, à leur hors-bilan, des montants notionnels de dérivés représentant environ 20 fois le PIB de leur pays respectif !

**Des montants notionnels pas si théoriques**

Par analogie avec un contrat d'assurance habitation, si la maison assurée vaut 500 000 euros, le montant notionnel correspondant est de 500 000 euros. La prime d'assurance vaut moins. Mais si la maison brûle, l'assureur devra payer jusqu'à 500 000 euros de dommages. Le montant notionnel reflète donc bien le risque.

**Des risques… que l'on ne court pas forcément !**

À la différence des assurances traditionnelles portant sur les biens et les personnes, il n'est pas obligatoire d'avoir un « intérêt assurable » pour utiliser des produits dérivés. La preuve de la propriété (ou de l'usage) du risque assuré n'est donc pas nécessaire. Exactement comme si on contractait une assurance-incendie sur la maison de son voisin, voire plusieurs sur la même maison, tant qu'on paie les primes d'assurance…

### Que sont les produits dérivés ?

››› Développés dans les années 1970-1980, dans le contexte de forte volatilité des taux d'intérêt et de change qui a suivi la fin des accords de Bretton-Woods (1971), ils ont été introduits à l'origine pour mieux gérer les risques. Le principe est simple : celui qui souhaite se couvrir contre un risque le transfère sur celui qui y voit une opportunité de profit. Les sous-jacents de ces produits (taux d'intérêt, devises, actions, matières premières…) se sont multipliés. Les opérations ont gagné en complexité et en volume, notamment à partir de la fin des années 1990. Elles ne se sont pas effondrées pendant la crise et ont même poursuivi leur essor spéculatif (**693 000 milliards de dollars** sur les marchés de gré à gré, à la fin juin 2013 contre 516 000 milliards fin juin 2007 selon la BRI).

### Les montants notionnels d'opérations sur produits dérivés en hors-bilan des grands groupes bancaires

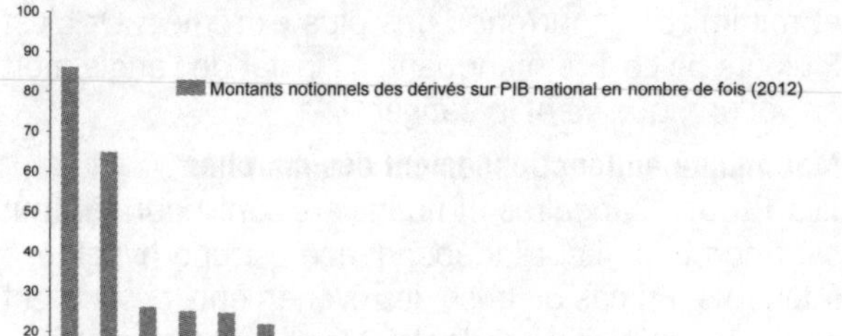


Source : AlphaValue, rapports annuels de banque, 2012.

›››››› 

# Les banques, expertes en gestion des risques ?

**Un excès de confiance**

Depuis le milieu des années 1990, les banques se sont dotées d'outils pour évaluer les risques de leur portefeuille (*Value-at-Risk* – VaR, ou valeur en risque) et les transférer (titrisation, CDS...). Leurs dirigeants ont alors beaucoup gagné en confiance, trop sans doute! Les grandes banques internationales ont même réussi à convaincre les régulateurs d'en autoriser l'usage pour calculer leurs besoins en fonds propres.

**Dans un outil phare, la VaR**

La VaR indique le montant maximum de pertes en une journée (parfois 10 jours ou un an) avec un intervalle de confiance à 99 %, en s'appuyant le plus souvent sur une loi normale (loi de Gauss). Cette loi de probabilité focalise l'attention sur les événements les plus fréquents et minimise l'occurrence des plus extrêmes. Or c'est toujours de ce 1 % manquant, à l'instar de l'angle mort en voiture, que vient le danger.

**Mal adapté au fonctionnement des marchés**

Les risques bancaires et financiers sont pourtant tout sauf normaux. Leur indépendance est une hypothèse intenable. En cas de crise, les événements deviennent au contraire interdépendants et les risques s'amplifient les uns les autres. La méthode de l'historique des pertes, autre façon de calculer la VaR, ne résout rien. Si les crises et les krachs reviennent toujours, c'est aussi à chaque fois sous un nouveau visage. Le passé n'est pas garant de l'avenir.

**La Baleine de Londres**

››› C'est le surnom donné à l'énorme position de 100 milliards de dollars de dérivés de crédit notionnel, accumulée sans couverture par un trader français de la banque JP Morgan depuis son bureau de Londres. Elle a occasionné 6,2 milliards de dollars de pertes pour la banque en 2012. La VaR calculée par JP Morgan (banque experte en la matière puisque c'est elle qui en est à l'origine) indiquait un risque de perte de 130 millions sur 24 heures avec un intervalle de confiance de 99 %. La perte a été près de 50 fois supérieure... Elle se situait dans l'angle mort du 1 % restant...

**Humour et citations**

››› « Il y a trois sortes de mensonges : les mensonges, les sacrés mensonges et les statistiques » (Mark Twain, *Autobiographie*).

« Il est faux de croire que l'on peut éliminer le risque, seulement parce qu'on peut le mesurer » (Robert C. Merton, prix Nobel d'économie 1997).

**Le syndrome du lampadaire**

››› Il consiste à chercher ses clés sous un lampadaire, non pas parce qu'on les a perdues à cet endroit, mais parce que c'est le seul emplacement éclairé de la rue. La VaR ne mesure le risque de pertes que là où il y a de la lumière!

›››››› 

# Faut-il séparer les banques ?

**De nombreuses propositions de séparation**

La réponse à la crise financière de 2007-2008 a surtout été prudentielle (Bâle 3). Mais, dans l'esprit du *Glass-Steagall Act* américain de 1933, des projets de séparation structurelle entre banques de dépôts et d'affaires ont vu le jour aux États-Unis (règles Volcker, 2010), au Royaume-Uni (rapport Vickers, 2011), en France (loi Moscovici, 2013), en Europe (rapport Liikanen en 2012 et proposition de directive Barnier en 2014).

**Fondées sur un indéniable constat**

Les banques sont devenues trop grosses. Leurs activités de marché exposent les déposants à des risques excessifs, et elles-mêmes à des conflits d'intérêt. Les structures financières extraordinairement complexes renforcent l'opacité du système et la garantie publique de sauvetage va à des activités dont la collectivité n'a pas besoin.

**Une efficacité qui fait débat**

Les partisans de la séparation (84 % des Français, sondage Ifop, juillet 2012) ont jugé les mesures envisagées décevantes. En France, elles ne toucheront qu'une infime fraction des activités de marchés (0,5 % du PNB 2011 de BNP Paribas). Même avec des mesures fortes, la séparation ne garantit pas à elle seule le renforcement de la stabilité financière, ni la réduction de l'ampleur et de l'instabilité des activités de marché. Une taxe et une très forte exigence de fonds propres pourraient en compléter l'impact.

›››››

**Les propositions de séparation selon leur degré de contrainte (sur une échelle de 1 à 10)**

››› Aux États-Unis, les règles Volcker, incluses dans le Dodd-Frank Act de 2010, limitent les possibilités d'investissement des banques dans les *hedge funds* et dans les fonds de *private equity*, ainsi que le *trading* pour compte propre. (**4/10**)

Au Royaume-Uni, le rapport Vickers de 2011 cantonne les activités de banque de détail dans une filiale, afin de les protéger des activités risquées. (**6/10**)

En Europe, plutôt que « cantonner la gazelle », le groupe d'experts Liikanen préfère « cantonner le lion », c'est-à-dire isoler les activités de marché au-delà d'un certain poids, dans une filiale *ad hoc*. (**8/10**)

En France, le titre 1 de la loi bancaire de juillet 2013 (loi « Moscovici ») n'autorise les activités de marché que si elles font partie de la liste des opérations « utiles » (définies comme étant réalisées avec un client, ce qui est en soi tautologique). Elles sont sinon cantonnées dans une filiale *ad hoc*...(**1/10**)

**Les déçus de la séparation « à la française »**

››› « Ainsi, dans la loi française dite de "séparation" – qui n'en a que le nom –, le montage et la vente à un *hedge fund* basé aux îles Caïmans d'un *credit default swap* [CDS] sur dette souveraine, d'un produit de spéculation sur matière première agricole, ... sont considérées comme utiles parce que réalisées avec le client (par nature spéculateur) qu'est le *hedge fund*! » (Christian Chavagneux et Thierry Philipponnat, *La Capture*, La Découverte, mars 2014, p. 61).

›››››››

# Les banques sont-elles trop taxées ?

**À les entendre oui !**

Selon la Fédération bancaire française (FBF), le taux d'imposition du secteur bancaire français était « de 65 % pour 2013, tout impôts et taxes confondus » (note de février 2014). Sans équivalent en Europe et très au-dessus de la moyenne des entreprises françaises, ce taux n'est pas vérifiable, la FBF ne détaillant pas son calcul. Même à le supposer rigoureux, ce taux calculé sur une seule année n'a pas de sens en raison de la volatilité des résultats. En prenant l'année la plus difficile et les établissements alors les moins profitables, on obtiendrait un taux infini (impôts rapportés à des résultats proches de 0) !

**À bien y regarder non !**

Il faut lisser les résultats et les impôts des banques sur plusieurs années. Or, le taux d'imposition des banques françaises implicite obtenu alors passe de 35 % sur la période 1988-1994 à 26 % pour 1995-2001, et chute à 13 % sur la période 2002-2009. La baisse est encore plus marquée pour les grandes banques universelles avec un taux moyen de 8 % pour 2002-2009. Cette tendance se retrouve dans la plupart des pays de l'OCDE.

**Des championnes de l'optimisation fiscale**

Les banques sont soumises au même taux d'imposition que les entreprises non financières (33 1/3 %). Mais elles optimisent mieux leur fiscalité par leurs implantations à l'étranger, notamment dans les paradis fiscaux où leur présence est significative.

**Taux d'imposition implicite global du secteur bancaire des principaux pays de l'OCDE (1988-2009)**

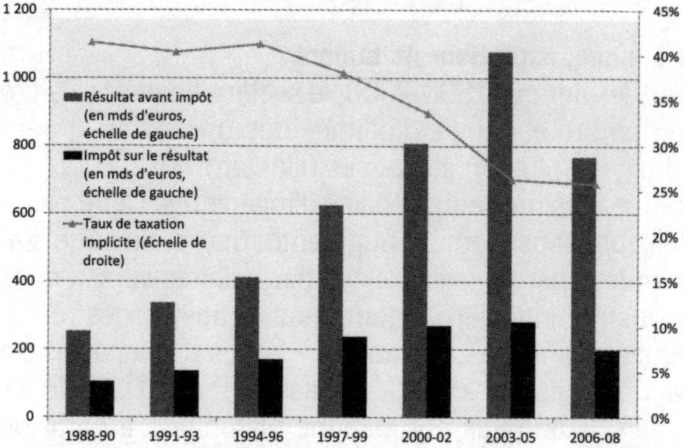


Données OCDE. Analyse du compte de résultat et du bilan. Liste des pays inclus : Allemagne, Autriche (jusqu'en 2008), Belgique, Canada, Danemark, Espagne, États-Unis, Finlande, France, Irlande (depuis 1995), Italie, Japon (jusqu'en 2008), Luxembourg, Norvège, Pays-Bas, Portugal, Royaume-Uni (jusqu'en 2008), Suède, Suisse.

Source : Conseil des prélèvements obligatoires, « Les prélèvements obligatoires et les entreprises du secteur financier », Rapport particulier n° 3 : « L'imposition des entreprises du secteur financier est-elle ajustée à leur capacité contributive ? », 2013.

**Nombre de filiales des grandes banques françaises dans les paradis fiscaux**

| | BNP Paribas | Crédit Agricole | Société Générale |
|---|---|---|---|
| Luxembourg | 136 | 60 | 41 |
| Irlande | 42 | 24 | 12 |
| Hong Kong | 30 | 17 | 6 |
| Suisse | 28 | 17 | 10 |
| Îles Caïmans | 24 | 2 | 2 |
| Autres | 74 | 30 | 20 |
| Total | 334 | 150 | 91 |

Source : Conseil des prélèvements obligatoires, « Les prélèvements obligatoires et les entreprises du secteur financier », Rapport particulier n° 3.

›››››

# Les traders sont-ils trop payés ?

**La finance, aspirateur de talents**

Dans les années 1990-2000, le secteur financier a attiré de nombreux jeunes diplômés des universités américaines les plus prestigieuses (Harvard, MIT…) ou, en France, des meilleures écoles d'ingénieurs. Cette part a d'ailleurs sensiblement augmenté. Ceci s'explique évidemment par le niveau élevé des salaires versés dans l'industrie financière, notamment en raison des rémunérations variables, les fameux « bonus ». L'engagement avait été pris par le G20, à Pittsburgh en 2009, de les réduire. Une règle européenne plafonnera à partir de janvier 2015 la part variable à deux fois le salaire fixe. Cette mesure contraindra d'ailleurs plus les traders en France, où la part du fixe est plus faible qu'au Royaume-Uni, mais engendrera sans doute une hausse du fixe…

**Qui manquent à d'autres secteurs**

Les masses d'argents brassées par les banques davantage que le talent intrinsèque des traders expliquent cet écart de rémunération. Toutefois, cela pose un grave problème d'allocation des talents. Les meilleurs ingénieurs, mathématiciens ou physiciens sont-ils mieux employés à développer de savants et dangereux modèles financiers qu'à poursuivre le développement des énergies propres ou des nanotechnologies ? C'est cette question que la société doit se poser.

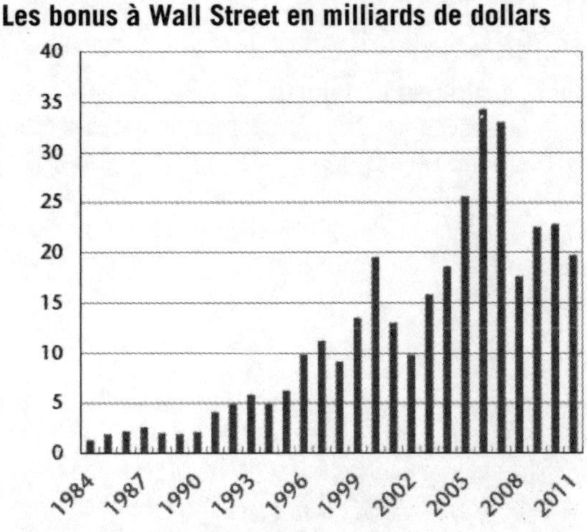


Source : Office of the New York State Comptroller, 2012.

**Bonus et rémunération dans les banques d'investissement**

››› La rémunération moyenne annuelle par banquier preneur de risque au sein d'une banque d'investissement était évaluée à 1,56 million d'euros en France en 2012, dont 1,3 million de bonus, contre 1,93 million au Royaume-Uni, dont 1,53 million de bonus. Ces montants sont 15 à 20 % inférieurs à ce qu'ils étaient en 2010 mais sont repartis à la hausse en 2012 (Source : *Les Échos,* 15 avril 2014).

# @ vous la parole

### ››› *Quand sont apparues les grandes banques françaises ? Quelles sont les plus anciennes ?*

‹‹‹‹‹ Pour la plupart, les grandes banques françaises d'aujourd'hui sont nées au XIX^e^ siècle, même si les appellations ont varié au fil du temps. Les deux principaux ancêtres de BNP Paribas, le Comptoir national d'escompte de Paris et la Banque de Paris et des Pays-Bas, ont ainsi été créés respectivement en 1848 et 1872. Pour l'anecdote, en 1889, le Comptoir avait été sauvé de la faillite… par la Banque de France, à la suite d'une… spéculation sur le cuivre, dans laquelle la Banque de Paris et des Pays-Bas était également impliquée. Après une fusion avec la Banque nationale pour le crédit et l'industrie, le Comptoir prend le nom de Banque nationale de Paris (BNP) en 1966. Le rapprochement avec Paribas est plus récent (2000).

Le Crédit Lyonnais date de 1863 et la Société Générale de 1864. La BPCE trouve son origine dans la première caisse d'épargne, créée à Paris en 1818, tandis que le Crédit Mutuel naît en Alsace en 1882, et la première caisse régionale du Crédit Agricole en 1894. La dernière née est La Banque Postale, portée sur les fonds baptismaux en 2005, mais héritière du premier mandat postal de 1817, transformé en compte chèque postal en 1955.

### ››› *Les banques françaises ont-elles mieux résisté à la crise parce qu'elles sont universelles ?*

‹‹‹‹‹ C'est à la suite de la faillite bancaire retentissante de l'Union générale en 1882 due à une spéculation boursière que fut introduite la « doctrine Germain » élaborée par Henri Germain, le fondateur du Crédit Lyonnais. Cette doctrine non écrite, qui consistait dans la pratique à séparer les activités de banque de dépôts de celles de banque d'affaires, reposait sur un principe : « les ressources à court terme (les dépôts à vue) ne peuvent financer des emplois à long terme ». Elle fut respectée jusqu'en 1966 (lois Debré-Haberer), première entorse à la séparation bancaire française, avant que la loi bancaire française de 1984 y mette un terme et consacre la « banque universelle ».

Au moment de la crise bancaire et financière, cela n'est pas, à proprement parler, le fait qu'elles soient « universelles » qui a rendu les banques françaises plus résistantes, mais plutôt le fait qu'elles aient été moins mal gérées que certaines de leurs consœurs étrangères. En effet, considérer que le modèle « universel », qui mélange banque de dépôts et banque d'affaires, est plus résilient ne résiste pas aux faits. 80 % du « top 10 » des pertes annuelles enregistrées par les banques européennes au cours de la période 2008-2011, soit 139 milliards d'euros, viennent de banques dites universelles : en 2008, Fortis avec 28 milliards (désormais filiale de BNP Paribas), Royal Bank of Scotland avec 27 milliards, UBS avec 13 milliards ; en 2011, Dexia avec près de 12 milliards, UniCredit avec 9 milliards, Intesa Sanpaolo avec 8 milliards... Ensuite, la crise a révélé le caractère fallacieux de la « résilience » du modèle universel français, fondée sur un levier d'endettement (le rapport entre la dette et l'actif total) excessif et un déséquilibre structurel de liquidité qui ont rendu nos banques « trop grosses pour faire faillite » *(« too big to fail »)*. Tant et si bien que l'État français a dû s'en porter garant à hauteur de 360 milliards d'euros pour rassurer les marchés en 2008. En 2011, lors de la crise de liquidité en dollars qui a plus particulièrement touché les banques françaises en Europe, c'est la Banque centrale européenne (BCE) qui a été forcée de prendre le relais sous la forme de deux LTRO (*Long Term Refinancing Operations* ou approvisionnements massifs de liquidités) pour les sauver de l'illiquidité.

### ››› *Quel est l'avenir du modèle bancaire universel « à la française » ?*

‹‹‹‹‹ La crise a révélé les faiblesses de ce modèle. La rentabilité des fonds propres (ROE pour *return on equity*) des banques françaises cotées, qui se situait autour de 15 % en 2006 (une illusion qui ne reflétait pas le niveau réel des risques pris) a chuté aux environs de 6 % en 2013, après un point bas à 2 % en 2008. Les banques françaises tablent sur des ROE de 10 % dans un univers post-crise en 2016 (qui les contraint à détenir plus de trésorerie et à moins s'endetter). C'est un niveau insuffisant pour couvrir le coût de ces mêmes fonds propres, qui oscillait entre 10 % et 13 % à l'été 2014. Quand la rentabilité des fonds propres est inférieure à leur coût, la banque détruit de la valeur économique, ce qui n'est pas soutenable à long terme. La faiblesse des rentabilités post-crise concerne en particulier les activités de banque d'affaires, alors même que leurs risques demeurent intrinsèquement élevés (ce sont des activités par nature exposées à la volatilité des marchés). Le chiffre d'affaires n'étant pas une variable d'ajustement à la hausse réaliste dans le cas des activités de marché, plus coûteuses qu'auparavant en fonds propres et en liquidité, c'est plus probablement en baissant les charges d'exploitation qu'on pourra reconstituer cette rentabilité : il faut s'attendre à ce que les activités de marché des quatre grandes banques françaises cotées (BNP Paribas, Crédit Agricole, Société Générale, Natixis) fassent à terme l'objet d'une consolidation.

**›››** ***Qu'est-ce que le rapport Liikanen ?***

‹‹‹‹‹ Remis à la Commission européenne en octobre 2012, le rapport du groupe de travail constitué autour de Erkki Liikanen (gouverneur de la banque de Finlande) – ci-après rapport Liikanen – étudie l'opportunité d'une séparation des activités bancaires en Europe. Plutôt que « cantonner la gazelle » – comme le préconisait le Britannique John Vickers dans son rapport remis un an plus tôt au gouvernement du Royaume-Uni –, Erkki Liikanen préfère « cantonner le lion ». En clair, ce ne sont pas les activités de détail mais les activités de marché qu'il recommande d'isoler dans une filiale *ad hoc*, dès lors qu'elles atteignent au moins entre 15 et 25 % du total des actifs de la banque, ou bien que leur montant absolu dépasse 100 milliards d'euros. Au-delà de cette prescription de séparation des activités bancaires (qui fait encore débat – même entre les deux auteurs de ce livre !), c'est la partie diagnostic du rapport qui fait tout son intérêt, en mettant en lumière les graves problèmes de structure dont souffre le secteur bancaire européen. Celui-ci a connu une croissance excessive au cours des années 2000, les groupes bancaires européens devenant extraordinairement gros et atteignant un pouvoir de marché qui s'est traduit par une trop forte concentration. Les structures capitalistiques des groupes financiers sont aussi devenues beaucoup trop complexes. Le secteur bancaire européen souffre bel et bien de problèmes structurels qui appellent des mesures structurelles. La séparation n'est toutefois pas la seule option envisageable, même si elle peut venir en complément d'autres mesures destinées à remédier au problème de la taille des établissements « trop gros pour faire faillite ».

### ››› *Qu'a changé la loi bancaire française de juillet 2013 ?*

‹‹‹‹‹ Cette « loi de séparation et de régulation des activités bancaires », adoptée en juillet 2013, n'a pas satisfait les défenseurs de la séparation des activités bancaires qui en attendaient beaucoup plus. Son titre I vise à séparer les activités « utiles au financement de l'économie » de celles jugées « spéculatives ». Les opérations de *trading* pour compte propre ne seront autorisées que si elles font partie de la liste des opérations « utiles » que la loi devra énumérer, de même pour l'activité de tenue de marché, tandis que les activités spéculatives doivent être cantonnées dans une filiale *ad hoc*. Tout le problème réside dans la définition de « l'utilité » d'une opération : est supposée « utile » une opération réalisée avec un client! Or toute transaction financière implique une contrepartie. Il y a toujours un acheteur et un vendeur, y compris dans le cas d'une opération pour compte propre. On ne sépare donc quasiment rien! Les activités à filialiser représentent moins de 1 % des activités bancaires. La loi n'a qu'un impact marginal. Reste qu'elle couvre d'autres aspects, moins commentés et pourtant cruciaux pour la stabilité financière : notamment, la mise en place du régime de résolution des difficultés bancaires – (titre IV), qui constituait un travail préparatoire pour le volet « résolution » de l'Union bancaire, et la surveillance macroprudentielle du système financier (titre V) –, c'est-à-dire une politique globale de surveillance du secteur bancaire et financier axée sur la prévention du risque systémique, indispensable mais encore trop peu opérationnelle.

››› *Qu'est-ce que le* Glass-Steagall Act *? Quelles mesures ont été prises alors ? Pourquoi a-t-il été supprimé en 1999 ?*

‹‹‹‹‹ Adopté en 1933 par le Congrès américain sous le nom de *Banking Act*, à la suite de plusieurs vagues de paniques bancaires liées à la Grande Dépression, le *Glass-Steagall Act* (GSA) séparait strictement les banques de dépôts et les banques d'investissement, obligées d'effectuer leurs activités de marché exclusivement sur la base de ressources propres (et non de dépôts du public). En contrepartie de la séparation, un fonds de garantie des dépôts fut instauré et confié à la Federal Deposit Insurance Corporation. À l'époque, le GSA apportait une réponse structurelle à la crise et il s'est effectivement révélé très structurant pour le système financier américain. Peu à peu, le secteur bancaire est devenu étroit et spécialisé, et le financement de l'économie s'est davantage appuyé sur des intermédiaires financiers non bancaires (*mutual funds*, fonds de pension, etc.) et les marchés de titres que sur les banques de dépôts. Les banques commerciales américaines parvenaient à contourner certaines dispositions ou à exploiter des lacunes du GSA, mais de façon limitée *via* des filiales qui ne pouvaient pas dépasser 10 % de leur produit net bancaire.

Le GSA a finalement été abrogé en 1999, avec la loi sur la modernisation financière (*Gramm-Leach-Bliley Act* ou *Financial Modernization Act*) qui a levé les cloisons qu'il avait érigées. En autorisant une même structure à cumuler des activités bancaires traditionnelles, des activités de négociation et des activités d'assurances, le *Gramm-Leach-Bliley Act* espérait promouvoir le développement de grands groupes bancaires aux États-Unis, qui à cette époque paraissaient souffrir de la comparaison avec l'Europe… Cette course à la taille a eu les conséquences que l'on sait. Avec la *Volcker Rule* (du nom de l'ancien président de la Banque centrale américaine), formulée dans le cadre du *Dodd-Frank Act* de 2010, les États-Unis tentent donc un retour aux sources, dans une version cependant très édulcorée.

### ››› *Quel est le rôle du Financial Stability Board ?*

‹‹‹‹‹ Pour garantir la stabilité financière, il faut des règles mais aussi des institutions pour en surveiller l'application. Or, si la plupart de ces règles, et notamment les règles prudentielles qui concernent les banques, sont recommandées à l'échelle internationale par le Comité de Bâle, les institutions qui les font appliquer – une fois ces recommandations devenues des réglementations – sont longtemps demeurées exclusivement nationales. Les choses sont certes en train d'évoluer en Europe avec l'Union bancaire : la Banque centrale européenne (BCE) deviendra à l'automne 2014 le superviseur des banques de la zone euro (directement pour les grands établissements et indirectement *via* les autorités nationales pour les plus petits), instaurant un premier contrôle transnational. Les banques de tout État membre hors zone euro pourront si elles en font la demande adhérer au dispositif.

À l'échelle internationale n'existent que des comités de concertation – le Comité de Bâle pour les banques, l'Organisation internationale des commissions de valeurs pour les bourses de valeurs, l'Association internationale des contrôleurs d'assurance pour les assurances – qui n'ont aucun pouvoir de réglementation. Il en va de même pour le Financial Stability Board (ou Conseil de stabilité financière). Créé sous l'impulsion du G20 de Londres en 2009, il remplace en fait l'ancien Forum de stabilité financière dont les prérogatives et les moyens n'étaient guère différents. Le communiqué du G20 le présentait néanmoins comme « une véritable tour de guet du système financier international chargée de surveiller les risques ». Tour de guet, peut-être… mais alors sans gardes armés !

# Bibliographie et sitothèque

- **Anat Admati, Martin Hellwig,**
  *The Bankers' New Clothes*, Princeton University Press, février 2013.
- **Loïc Belze, Philippe Spieser,**
  *Histoire de la finance. Le temps, le calcul et les promesses*, Vuibert, 2e édition, juin 2007.
- **Pascal Canfin,**
  *Ce que les banques vous disent et pourquoi il ne faut presque jamais les croire*, Les Petits Matins, coll. Essais (3 février 2012).
- **Gunther Capelle-Blancard, Jézabel Couppey-Soubeyran,**
  *La finance est un jeu… dangereux*, Librio, coll. Mémo, août 2010.
- **Christian Chavagneux, Thierry Philipponnat,**
  *La capture*, La Découverte, mars 2014.
- **Nicholas Dunbar,**
  *The Devil's Derivatives*, Harvard Business Review Press, juillet 2011.
- **Pierre-Noël Giraud,**
  *Le Commerce des Promesses. Petit traité sur la finance moderne*, Le Seuil, coll. Points économie, octobre 2009.
- **Erkki Liikanen,**
  Rapport du groupe d'experts de haut niveau sur la réforme structurelle du secteur bancaire de l'UE, octobre 2012. Consultable en ligne :
  http://ec.europa.eu/internal_market/bank/docs/high-level_expert_group/report_fr.pdf
- **Jean-Michel Naulot,**
  *Crise financière : pourquoi les gouvernements ne font rien ?*, Seuil, octobre 2013.

- **Adrien de Tricornot, Mathias Thépot, Franck Dedieu,** *Mon amie, c'est la finance !*, Bayard, janvier 2014.
- **« Quelles réformes bancaires pour la France ? »,** *L'économie politique* n° 57, janvier 2013.

- **Le site de la Banque centrale européenne** www.ecb.europa.eu/ecb/html/index.fr.html
- **Le site de la Banque des règlements internationaux** www.bis.org/
- **Le site de Finance Watch** www.finance-watch.org/fr
- **Le site du Fonds monétaire international** www.imf.org
- **Le site « La finance pour tous »** www.lafinancepourtous.com/

# Collection Doc' en poche

## SÉRIE « ENTREZ DANS L'ACTU »

**1.** Parlons nucléaire en 30 questions
*de Paul Reuss*

**2.** Parlons impôts en 30 questions (2e édition mars 2013)
*de Jean-Marie Monnier*

**3.** Parlons immigration en 30 questions
*de François Héran*

**4.** France 2012, les données clés du débat présidentiel
*des rédacteurs de la Documentation française*

**5.** Le président de la République en 30 questions
*d'Isabelle Flahault et Philippe Tronquoy*

**6.** Parlons sécurité en 30 questions
*d'Éric Heilmann*

**7.** Parlons mondialisation en 30 questions
*d'Eddy Fougier*

**8.** Parlons école en 30 questions
*de Georges Felouzis*

**9.** L'Assemblée nationale en 30 questions
*de Bernard Accoyer*

**10.** Parlons Europe en 30 questions
*de David Siritzky*

**13.** Parlons dette en 30 questions
*de Jean-Marie Monnier*

**14.** Parlons jeunesse en 30 questions
*d'Olivier Galland*

**21.** Parlons justice en 30 questions
*d'Agnès Martinel et Romain Victor*

**22.** France 2014, les données clés
*des rédacteurs de la Documentation française*

**25.** Parlons gaz de schiste en 30 questions
*de Pierre-René Bauquis*

**26.** Parlons banque en 30 questions
*de Jézabel Couppey-Soubeyran et Christophe Nijdam*

## SÉRIE « PLACE AU DÉBAT »

**11.** Retraites : quelle nouvelle réforme?
*d'Antoine Rémond*

**12.** La France, bonne élève du développement durable?
*de Robin Degron*

**15.** L'industrie française décroche-t-elle?
*de Pierre-Noël Giraud et Thierry Weil*

**16.** Tous en classes moyennes?
*de Serge Bosc*

**23.** Crise ou changement de modèle?
*d'Élie Cohen*

**24.** Réinventer la famille?
*de Stéphanie Gargoullaud et Bénédicte Vassallo*

**27.** Parents-enfants : vers une nouvelle filiation?
*de Claire Neirinck, Martine Gross*

**28.** Vers la fin des librairies?
*de Vincent Chabault*

**31.** Des pays toujours émergents?
*de Pierre Salama*

**32.** La santé pour tous?
*de Dominique Polton*

## SÉRIE « REGARD D'EXPERT »

**18.** Les politiques de l'éducation en France
*d'Antoine Prost et Lydie Heurdier*

**19.** La face cachée de Harvard
*de Stéphanie Grousset-Charrière*

**20.** La criminalité en France
*de Christophe Soullez*

**29.** La guerre au xx^e^ siècle
*de Stéphane Audoin-Rouzeau, Raphaëlle Branche, Anne Duménil, Pierre Grosser, Sylvie Thénault*

Imprimerie de la Direction de l'information légale et administrative
N° 663140080-000714 – Dépôt légal : août 2014
IMPRIM'VERT®